Y a-t-il des tueurs-nés ?

SOMMAIRE

REMERCIEMENTS

Je tiens à remercier mes éditeurs, Mathieu Mulcey pour sa confiance, Stéphane Dunand pour ses précieux encouragements, les pistes fructueuses qu'il a soulevées et ses conseils toujours justes et avisés.

Je remercie D. pour sa patience et tout ce que je ne saurai résumer ici.

INTRODUCTION

Ce livre se donne pour mission d'introduire le lecteur à une réflexion philosophique sur l'*inné* en explorant les différents types de discours qui mobilisent ce mot et en en relevant les usages afin de mettre au jour différents préjugés qui en parasitent l'utilisation. À cette fin, nous présenterons certains des débats idéologiques et scientifiques qu'il a suscités.

Avant d'affronter le problème délicat du sens du mot *inné*, nous nous intéresserons à certains domaines appelés à le mobiliser : la psychologie (à travers la figure du criminel), le langage, le savoir (à travers la figure du bébé), la morale. Seront ensuite abordées les difficultés à formuler une définition satisfaisante de l'*inné*, avant d'envisager les conséquences de ce concept quant à l'intelligence et la nature humaine.

Plus précisément, voici les interrogations abordées dans ce livre : Nait-on criminel ou le devient-on ? Sommes-nous programmés pour être les individus que nous sommes ? À quel point sommes-nous (pré)déterminés à parler ? Venons-nous au monde vierges de tout savoir ? Avons-nous une connaissance intuitive du bien et du mal ? Bref, qu'est-ce qu'« inné » veut dire ? Certains individus sont-ils plus doués que d'autres ? Qu'est-ce que la nature humaine ?

Au terme de cet ouvrage, le lecteur devrait pouvoir se faire une opinion éclairée sur le sujet. Peut-être considèrera-t-il *in fine* qu'il n'y a rien à sauver dans le terme *inné*. Peut-être pensera-t-il que se débarrasser d'un mot ne suffit jamais à se libérer des polémiques qu'il cristallise et qu'il apparaît plus fondamental encore de renoncer à toute approche figée ou normative de la nature humaine.

I

Y A-T-IL DES TUEURS-NÉS ?

LE CHEF DE LA PÈGRE :
Tu prétends… que tu dois assassiner ?

HANS BECKERT :
Quelque chose me pousse à errer dans les rues…
Je sens que quelqu'un me suit sans arrêt
– c'est moi-même – qui me poursuit, sans bruit,
mais je l'entends quand même !
Oui, j'ai parfois l'impression
de me poursuivre moi-même !
Je voudrais m'enfuir, mais je ne peux pas m'échapper !
Cette force qui me pousse…
Je veux résister, je veux résister !

FRITZ LANG, *M le maudit*, 1931

M le maudit, le célèbre film de Fritz Lang, s'achève sur cette scène : Hans Beckert, le tueur d'enfants, acculé par la foule et la pègre, avoue son impuissance vis-à-vis de ses propres actes. Il est poussé par une force irrésistible qui l'incite à tuer. Il est habité par une pulsion meurtrière qu'il ne peut réprimer. Il a *ça dans le sang*. Cette folie criminelle semble *innée* : il ne peut lutter contre une partie de son être qui fait de lui un tueur. Il existerait ainsi des assassins par nature, des êtres *nés* pour tuer. Et les circonstances n'y changeraient rien. Tôt ou tard, les tueurs-nés se laisseraient dominer par leur pulsion meurtrière.

Mais s'il existe un tempérament criminel inscrit en certains individus, peut-on le percevoir et le détecter ? Dans les représentations iconographiques populaires, la cruauté du tueur se manifeste jusque dans son apparence physique. Du Capitaine Crochet à Cruella, en passant par Jafar, Hannibal Lecter, Dark Vador ou Freddy, un méchant a toujours l'air d'un méchant. Il a un physique ingrat et disgracieux, le visage anguleux, l'air sombre, le regard noir. Il possède souvent une anomalie physique, une infirmité ou un handicap. Autrement dit, le tueur-*né* ressemble aux crimes qu'il commet.

Cette idée n'appartient pas seulement à la fiction. Au cours de l'histoire, différentes disciplines l'ont défendue : le tueur-*né* a été distingué tantôt par les particularités de son visage (par la *physiognomonie*), tantôt par la forme singulière de son crâne ou la configuration spéciale de son cerveau (par la *phrénologie* ou l'*anthropologie criminelle*). Il devenait alors possible de le repérer pour mieux le neutraliser.

Cette idée n'appartient pas non plus seulement au passé. On la retrouve aujourd'hui, par exemple, chez certains psychologues ainsi qu'en neurocriminologie, une discipline qui utilise la neuro-imagerie cérébrale pour connaître et prédire le comportement criminel.

Mais les tueurs-*nés* existent-ils vraiment ? Peut-on les repérer à leur nature, à leur apparence ? Ont-ils une forme ou une expression du visage qui leur est propre ? Leurs crânes ont-ils une taille, une silhouette particulière, leurs cerveaux une configuration spécifique ? Peut-on les identifier avant même qu'ils commettent leur crime et protéger ainsi la société ?

PETITE HISTOIRE DES TUEURS-*NÉS*

Au cours de l'histoire, plusieurs disciplines ont tenté de dresser un portrait distinctif du tueur-*né* : on peut citer la physiognomonie, la phrénologie, l'anthropologie criminelle.

La physiognomonie, apparue dès l'Antiquité, est la plus ancienne de ces « sciences » et on peut dire qu'elle englobe toutes les autres. Elle vise à révéler le caractère de l'individu à partir de son apparence physique. Pour prendre un exemple célèbre, la laideur de Socrate, comparé alors à un satyre ou un silène[1], ne peut que refléter, selon la physiognomonie, son ignominie. Son nez épaté et sa bedaine sont en effet les indices incontestables des pires vices et appétits qui caractérisent sa nature. D'où le caractère exceptionnel de Socrate : pour aller à l'encontre de sa nature perverse et cruelle, il a dû fournir des efforts conséquents et mener un important travail sur lui-même. En pratiquant la philosophie, il a su concilier un physique ingrat et une excellence morale, et échapper ainsi à son destin de criminel ou de pervers. Ses vices étaient bien *innés* en lui, mais il a réussi par la force de sa raison à s'en débarrasser.

Au XVIIIe siècle, le physiognome Lavater dresse, en s'inspirant de la médecine grecque, le portrait de quatre types de tempéraments : le phlegmatique, le colérique, le sanguin et le mélancolique. Ainsi, selon lui, les individus colériques sont identifiables à un front proéminent et osseux (ou perpendiculaire et mal arrondi par le haut), des sourcils épais, de grands yeux (ou parfois de petits yeux bruns), un long nez, une bouche démesurée, un menton large et saillant marqué

1. Ce sont ces personnages mythologiques, monstrueux, hybrides – mi-hommes, mi-boucs ou mi-chevaux – au comportement lubrique et libidineux.

de profondes incisions, une voix trop sonore, une démarche nerveuse et inquiète, un pas lourd. Sans oublier : un tremblement de la lèvre inférieure !

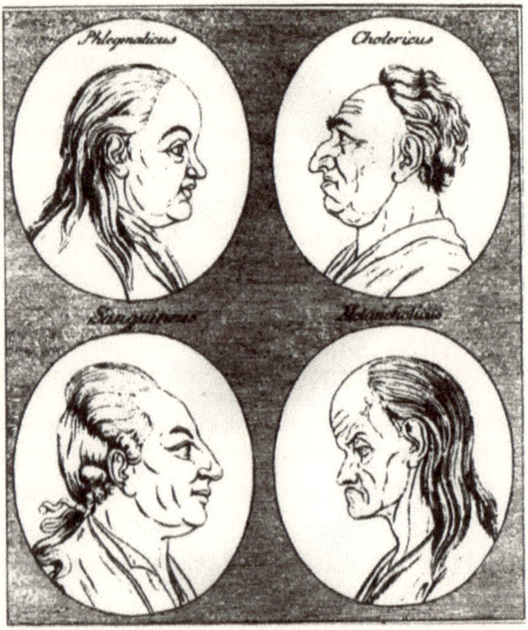

Gravure sur bois représentant les quatre types de tempéraments : le phlegmatique, le colérique, le sanguin et le mélancolique in Lavater J.C., 1775-1778, Physiognomische Fragmente zur Beförderung der Menschenkenntnis und Menschenliebe.

Au XIXe siècle naît la phrénologie (ou organologie), une discipline fondée par Gall, un médecin qui pratique la craniométrie et l'anatomie comparée. Celui-ci examine un nombre considérable de crânes qu'il trouve dans les hospices, les hôpitaux, les asiles, les orphelinats et les prisons. Pour lui, la forme du crâne est révélatrice de la configuration du cerveau. Et le cerveau contient toutes les dispositions *innées* de l'individu. Il s'agit alors de localiser les structures cérébrales responsables de ces dispositions. Pour cela, Gall divise le crâne en de multiples organes indépendants les uns des autres (il en recense pas moins de 27) dédiés chacun à des aptitudes, des instincts, des penchants, des facultés ou talents particuliers et *innés*. Ainsi les dispositions *innées* peuvent être mesurées grâce à la palpation du crâne qui apprécie le développement de l'organe correspondant.

Parmi ces dispositions *innées*, se trouve le penchant *inné* au meurtre. Pour Gall, il y a *une bosse du crime* comme il y a *une bosse des mathématiques* – cette dernière expression étant restée célèbre. Le penchant au meurtre est attribué à un organe qui forme une protubérance à la base du crâne, « au-dessus des oreilles, dans la ligne perpendiculaire de la colonne vertébrale[1] ». Ainsi, tout être humain possède un penchant au meurtre ! Gall nomme ce penchant l'« instinct carnassier », car il est partagé par tous les animaux vertébrés. Sommes-nous pour autant tous des tueurs-*nés* ? Non, car cet instinct carnassier est régulé par l'empathie. Les êtres humains réagissent en effet différemment face à la souffrance des autres : certains y sont sensibles, d'autres indifférents. L'instinct carnassier est donc plus ou moins exalté selon les individus. Il suit une gradation en trois étapes : la simple indifférence à voir souffrir les êtres, le plaisir de voir tuer et le désir impérieux de tuer.

Gall reconnaît aussi l'importance des circonstances sociales et environnementales. Celles-ci peuvent être défavorables et conduire au crime aussi bien que favorables et l'empêcher. L'éducation et la morale peuvent ainsi corriger ou perfectionner les dispositions organiques *innées*. Elles peuvent, néanmoins,

---

1. Gall [1825, t. 5, p. 454].

n'avoir aucune prise sur le sujet ou ce dernier peut en être totalement privé. Gall prend ainsi plusieurs exemples, celui d'un « garçon apothicaire qui éprouvait un penchant si violent à tuer qu'il se fit bourreau » ou du « fils d'un marchand, qui faisait de même consister son bonheur à tuer, [et qui] embrassa la profession de boucher », ou encore de tel soldat qui éprouve l'ivresse du carnage à la vue du sang qu'il fait couler – quand tel autre est ému de pitié et porte des coups mal assurés[1].

L'explication « scientifique » de crimes horribles commis sans motifs apparents est alors toute trouvée : elle tient à un crâne anormal et à un instinct carnassier exalté. L'*inné* renvoie alors à un instinct naturel, irrésistible et intrinsèque à l'individu, qui a son siège dans le cerveau.

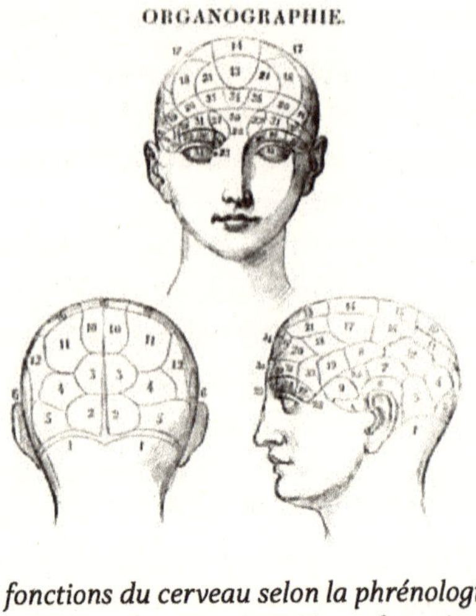

Classification des fonctions du cerveau selon la phrénologie ou organologie Planche originale tirée de J. Fossati, 1845, Manuel pratique de phrénologie, Paris, Germer Baillière. L'instinct carnassier ou penchant pour le meurtre est situé dans la zone n° 5.

1. Gall [1825, t. 1, p. 418-419].

C'est dans ce contexte que Lombroso, professeur de médecine, formule la théorie du tueur-*né*. Lombroso réalise une immense enquête anthropométrique rassemblant des photographies et des documents détaillant la psychologie de milliers de prisonniers. Il examine 350 crânes de criminels morts et 3839 crânes de criminels vivants[1]!

Lombroso défend une théorie *innée* du crime qui ressemble à celle de Gall, mais à laquelle il ajoute l'atavisme : le criminel est un être intrinsèquement dangereux qui porte en lui les stigmates *innés* de formes ancestrales inférieures. Contrairement à l'homme civilisé, le tueur-*né* ne parvient pas à dominer ses instincts violents. Il possède tous les signes distinctifs de ce qu'on nomme à l'époque l'homme primitif, comme la faiblesse intellectuelle ou l'absence de sensibilité. Grâce à une quantité colossale de données, Lombroso cherche ainsi à définir le tueur-*né* comme un type anthropologique. Cet être biologiquement inférieur est repérable aux multiples anomalies qui le caractérisent. Le tueur-*né* a donc, cette fois, le crâne aplati ou en pain de sucre, plus petit que ses contemporains. Il a également la peau brune, le nez aquilin, crochu ou difforme, le front fuyant, les arcades sourcilières saillantes, les os des pommettes hypertrophiés. Il a aussi une mâchoire particulièrement puissante (prognathe et carnassière!), des canines très développées (comme les fauves), des oreilles volumineuses et décollées. Son cerveau, d'un volume inférieur à la normale, est asymétrique avec une « prépondérance du lobe droit » et un « développement exagéré des sinus frontaux[2] ».

1. Penavayre [2020, p. 53-54].
2. Lombroso [1887, p. 199].

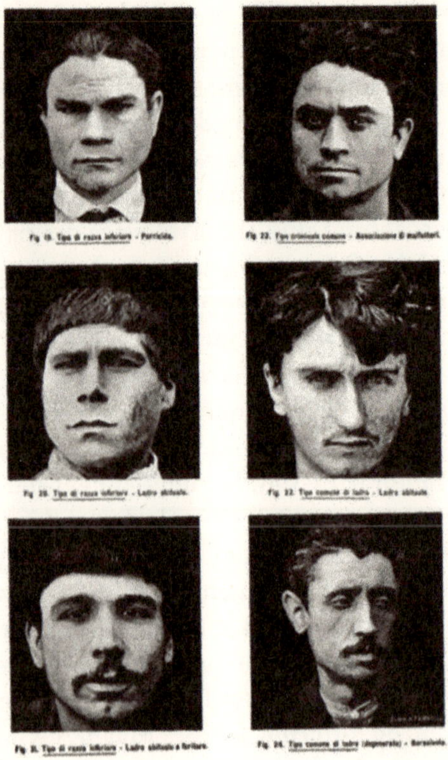

Photographies de criminels. Lombroso *C., 2006,* Criminal Man*, 2ᵉ édition. Photo courtesy of the Lloyd Sealy Library, John Jay College of Criminal Justice. Lombroso met en évidence les « anomalies biologiques » pour chaque visage, comme une énorme mâchoire et des cheveux épais (photographie n° 20) ou des oreilles décollées et des lèvres fines (photographie n° 22).*

Comme pour Gall, l'*inné* renvoie à une force naturelle et bestiale. Les tueurs-*nés* sont instinctivement poussés par une impulsion irrésistible et entièrement déterminés par leurs dispositions organiques.

ACTUALITÉ DES TUEURS-*NÉS*

Aujourd'hui, la figure du tueur-*né* continue de fasciner certains chercheurs. La physiognomonie n'a pas disparu : selon certains psychologues, l'agressivité peut se lire sur le visage de l'individu. Selon le criminologue Aaron Sell, l'agressivité est liée à la testostérone qui façonne la morphologie du visage : épaississement de la crête sourcilière, quadrature de la mâchoire et augmentation de la largeur du visage par rapport à sa longueur[1]. Certaines études empiriques lient également l'agressivité à la force physique[2]. D'autres études établissent un lien entre le rapport largeur/hauteur du visage et diverses tendances comportementales antisociales ou violentes[3]. Dans une étude menée par Sell, on montre à 142 participants la photographie de 59 visages et on leur demande d'apprécier la force physique (et donc l'agressivité potentielle) des individus. Résultat : les participants devinent la force physique des sujets à partir de la seule photographie de leurs visages. Sell en conclut que la structure du visage représente un indice fiable de l'agressivité du sujet[4]. Cette fiabilité trouve selon lui son origine chez nos ancêtres qui auraient développé une capacité à percevoir la dangerosité de rivaux (capacité désormais *innée*) dans des situations où seul le visage était perceptible, le reste du corps étant camouflé par des vêtements, des objets transportés, de la végétation, etc.

La théorie des tueurs-*nés* est également défendue par certains criminologues contemporains qui s'appuient sur les progrès de l'imagerie cérébrale (électro-encéphalographie,

---

1. Sell *et al.* [2009] ; Archer [1998, 2006] ; Mazur et Booth [1998].
2. Archer et Thanzami [2007] ; Gallup *et al.* [2007].
3. Carre et McCormick [2008].
4. Carré *et al.* [2009].

neuro-imagerie anatomique et fonctionnelle). On sait désormais qu'il existe un lien entre certaines lésions cérébrales – en particulier les lésions préfrontales – et le niveau de violence ou d'agressivité des sujets. En témoigne le célèbre cas de Phinéas Gage qui, à la suite d'une lésion au cerveau, aurait changé de comportement et serait devenu asocial. Une étude menée sur près de 300 vétérans de la guerre du Vietnam ayant subi une lésion cérébrale confirme également ce lien[1]. D'autres études constatent que bon nombre d'individus violents dans les populations criminelles ou délinquantes ont subi dans le passé des traumatismes crâniens[2]. Enfin une étude IRM menée sur 40 criminels violents[3] montre une corrélation entre le risque de récidive des individus et la taille dans le cerveau du cortex préfrontal et de l'amygdale[4]. Autrement dit, le cerveau et, en particulier, l'amygdale, seraient plus petits chez les criminels.

Selon le neurocriminologue Adrian Raine, il existe deux types de tueurs : les tueurs-*nés*, récidivistes, impulsifs, agressifs et les tueurs ayant commis un acte isolé. Les premiers se caractérisent par une physiologie anormale du cerveau et en particulier d'importantes anomalies préfrontales[5]. Les seconds sont poussés au crime par la force des circonstances. Comme

---

1. Grafman *et al.* [1996].
2. Lewis *et al.* [1986] ; Hux *et al.* [1998] ; Carswell *et al.* [2004] ; Perron et Howard [2008].
3. Leutgeb *et al.* [2015].
4. L'amygdale (du grec ἀμυγδάλη : amande) se situe dans le cerveau et désigne la partie de matière grise en forme d'amande située dans la position antérieure du lobe temporal.
5. Raine *et al.* [1994]. À la même époque, dans les années 1990, la génétique s'en mêle, en croyant identifier le « gène du guerrier ». Des chercheurs détectent deux gènes mutés, appelés MAOA et CDH13, qu'ils estiment associés à des comportements extrêmement brutaux. Pour une analyse des rapports entre l'*inné* et les gènes, voir chapitre 5.

pour Gall ou Lombroso, la criminalité est soit *innée* (et trouve sa cause dans le cerveau de l'individu), soit acquise (et trouve sa cause dans l'environnement social et familial). Contrairement aux autres criminels qui doivent leurs crimes à un environnement criminogène, le tueur-*né* est doté d'une dangerosité intrinsèque et inévitable. Plus les anomalies cérébrales sont importantes, plus on peut considérer que le sujet est un tueur-*né*.

LA MAL-MESURE DE L'HOMME

Résumons. Toutes ces approches considèrent, chacune à leur manière, qu'il est possible de repérer les tueurs-*nés* à leur anatomie, à leur morphologie ou à leur physiologie : le comportement criminel est dû à des dérèglements *innés* qui peuvent se constater « objectivement » sur le visage, le crâne, ou dans le cerveau des sujets.

Il nous faut cependant souligner que les nombreuses études évoquées comportent des approximations et des simplifications aussi bien empiriques que conceptuelles. Non pas que ces études soient (toujours) sciemment faussées ; ceux qui les mènent ne sont pas tous des imposteurs, ce sont même parfois des scientifiques très sérieux. Dans *La Mal-mesure de l'homme*, ouvrage publié en 1993, Stephen Jay Gould montre comment les scientifiques peuvent commettre des erreurs de mesure, parfois à leur insu et en toute bonne foi : au XIXe siècle en particulier, certains biologistes mesuraient les crânes dans le but d'établir la différence entre des « races », terme aux contours mal définis. D'autres ont utilisé des chiffres pour illustrer, malgré eux, les préjugés de leur époque, comme l'infériorité des Noirs ou des femmes qu'ils pensaient prouver par la petitesse des crânes. Or, il est faux d'affirmer que les crânes des Noirs sont de volume inférieur aux crânes des Blancs. Quant aux crânes des femmes, ils sont en effet 10 % plus petits en moyenne que ceux des hommes. Est-ce à dire qu'elles sont moins intelligentes ?

Qu'en est-il des crânes des tueurs ? Leur taille n'est pas systématiquement inférieure à la moyenne. Ce constat, source récurrente d'embarras chez les anthropologues criminels, a été contourné par une explication aussi rapide que critiquable : la criminalité trouve le cas échéant sa cause dans une activité cérébrale exubérante, elle-même responsable d'une taille de crâne supérieure à la moyenne. Pour rendre cohérentes les mesures craniométriques innombrables (et contradictoires) qu'il avait à sa disposition, Lombroso a dû remanier sa thèse à plusieurs reprises. Au cours des cinq rééditions de *L'Homme criminel* (entre 1876 et 1897), il se voit forcé d'ajouter de nouvelles catégories et de nouveaux critères. En témoigne l'invention de la catégorie des « criminels de génie », pour intégrer les données attestant d'une plus forte capacité crânienne.

Les contradictions dans les études empiriques ne se limitent pas aux crânes des criminels, elles concernent également leurs visages. En effet, le lien que certains psychologues ont voulu établir entre le ratio largeur/longueur du visage et un comportement agressif est aujourd'hui fortement remis en question. On sait par exemple que le visage des joueurs de hockey professionnels est souvent plus large que celui des prisonniers[1]. Les dimensions du visage ne sont donc pas un symptôme de violence ou de dangerosité.

Si les criminels possèdent des caractéristiques diverses et contradictoires, comment différencier les tueurs-*nés* des

---

1. Kosinski [2017].

tueurs occasionnels ou même des personnes dénuées de tout penchant criminel ? Il paraît réducteur d'expliquer le comportement d'un individu par un unique facteur comme l'instinct *inné*. Le comportement n'est-il pas *toujours* construit ou en partie façonné par l'environnement ? Peut-on véritablement dissocier ce qui relève de l'histoire de l'individu, de son expérience, de ce qui relève de son penchant *inné* ? La sociologie montre que les meurtriers partagent souvent la même pathétique histoire individuelle : ils sont très fréquemment issus d'un milieu défavorisé – père alcoolique, mère dépressive – et ont, pour nombre d'entre eux, subi enfants le rejet ou l'abandon, la violence et parfois des abus sexuels. Comment dans ce cas faire la différence entre les tueurs qui agissent en vertu de leur instinct *inné* et ceux poussés par ces circonstances particulièrement défavorables ?

Mais ce n'est encore pas assez dire, tant le comportement criminel résulte d'une multitude d'autres facteurs : à l'histoire individuelle s'ajoutent la sensibilité à l'injustice, l'égocentrisme, la marginalité sociale[1], les pressions vécues juste avant l'instant fatal ou même les conditions physiques et sociales du paysage urbain[2] ! En outre, dans de nombreuses études, les données relatives à l'environnement social et familial sont tout simplement manquantes. Le seul critère retenu pour définir les tueurs-*nés* est alors celui du degré d'*anomalie* crânienne ou cérébrale[3]. Ce qui pose d'autres questions : un individu ayant une boîte crânienne plus petite, mais qui

1. Les statistiques montrent que les criminels sont pour la plupart des hommes, célibataires, sans emploi, ayant déjà eu des antécédents criminels [Cusson *et al.*, 2003].

2. Corten [2000]. L'auteur montre qu'en Haïti les « infrastructures urbaines ravagées » sont des facteurs de criminalité.

3. Penavayre [2020].

n'a pas encore commis de meurtre, doit-il être considéré comme un tueur-*né* ? Cet individu est-il anormal ? La normalité n'est d'ailleurs jamais clairement définie par les anthropologues criminels. À partir de quand devient-on anormal ? À quel moment le crâne d'un homme sera-t-il suffisamment aplati ou son nez suffisamment crochu pour faire de lui un assassin ?

Un autre élément rend délicates à interpréter les études censées confirmer l'existence des tueurs-*nés* : les échantillons sélectionnés présentent des biais. En l'occurrence, choisir des tueurs déjà condamnés par la justice pour mesurer leurs visages crée inévitablement des biais, tant l'on connaît par ailleurs l'importance du *délit de faciès*. Une étude récente montre en effet que les caractéristiques du visage influencent les décisions judiciaires, comme dans le cas d'une condamnation criminelle[1].

Un dernier argument peut être formulé. Quand bien même il y aurait des caractéristiques anatomiques, morphologiques ou physiologiques propres à une certaine catégorie de tueurs, celles-ci justifieraient-elles pour autant de considérer ces individus comme des tueurs-*nés* ? Les corrélations entre l'anatomie, la morphologie et la physiologie, d'une part, et le comportement, la psychologie ou la morale, d'autre part, suffisent-elles pour définir la personnalité d'un individu à partir de ses propriétés physiques ?

Certes, un comportement criminel aura une traduction chimique et cérébrale globalement similaire chez tous les individus (activation de l'amygdale, réactions biochimiques dans le cerveau, augmentation de la pression sanguine, accélération du pouls). Néanmoins, une analyse fine de ces mêmes

1. Hang *et al.* [2018].

symptômes révélera des réactions sensiblement différentes du fait que chaque cerveau est forgé par une histoire particulière et des interactions singulières avec son environnement.

Inversement, on peut observer une activation cérébrale pathologique (et symptomatique du comportement criminel) chez des personnes non criminelles. S'il y a bien une activation pathologique (exagérée) de l'amygdale chez des sujets souffrant d'anxiété, de dépression, de phobie sociale ou de stress post-traumatique, celle-ci n'en fait pas pour autant des tueurs.

Ainsi, aucun lien direct et systématique ne semble pouvoir être établi avec certitude entre l'anatomie, la morphologie ou la physiologie de l'individu et son comportement, sa psychologie ou sa morale. C'est pourtant ce que sous-entendent confusément les notions de tueur-*né*, de *penchant* ou *d'instinct criminel* qui invisibilisent la dynamique et la complexité des interactions menant à un comportement criminel.

UN USAGE IDÉOLOGIQUE DE L'*INNÉ*

Les études voulant montrer qu'il existe des tueurs-*nés* semblent chercher à confirmer une catégorie psychologique ou morale déjà conçue comme existante, à savoir la dangerosité ou l'agressivité intrinsèque d'un individu. L'interprétation des données est guidée par l'idée que la dangerosité ou l'agressivité peuvent se repérer dans l'anatomie ou la physiologie, sur le visage, le crâne ou le cerveau. Les recherches semblent ainsi menées par le désir de confirmer empiriquement une thèse *innéiste* qui plaide déjà en faveur de l'existence des tueurs-*nés* : chez Gall, les différentes dispositions *innées* sont définies avant qu'elles ne soient localisées dans la division anatomique du cerveau ; chez Lombroso, la pulsion meurtrière *innée* s'incarne dans des anomalies anatomiques et morphologiques. Il en est de même dans la physiognomonie ou la neurocriminologie contemporaines : la forme du visage ou la localisation dans le cerveau de zones responsables du comportement criminel restent tributaires d'une typologie préalable qui isole des catégories psychologiques attribuées aux tueurs (agressivité, impulsivité, etc.). S'ajoute à cela – en particulier dans la neurocriminologie – le rôle central et exclusif dévolu au *cerveau* dans la construction de la personnalité criminelle. Aussi, toutes ces recherches visent à définir la personnalité criminelle sur la seule base de critères physiques (visage, crâne ou cerveau).

Qu'apporte l'expression tueur-*né* à l'explication de l'acte criminel, si ce n'est de dire que, si tel individu a agi de cette manière, c'est qu'il y était prédisposé intrinsèquement, de façon endogène, naturelle, irrésistible ? En réalité, l'usage de *l'inné* dans ce contexte *essentialise* le crime, qui n'est plus seulement un acte : le crime devient une manière d'être, une personnalité, un profil, une essence. La notion de tueur-*né* revient *in fine* à confondre l'acte (le crime) avec l'individu agissant (le tueur) et même avec un type anthropologique (le tueur-*né*). Affirmer l'existence de tueurs-*nés*, c'est alors prétendre pouvoir mesurer, quantifier, constater empiriquement la personnalité des individus, ce qui revient à la catégoriser, la simplifier ou la réifier. Ainsi, la conception du tueur-*né* comporte le risque de définir un individu comme un criminel avant même son passage à l'acte. La question se pose de savoir si celui qui a *la protubérance du crime ou le cerveau d'un tueur*, mais ne tue pas, doit être considéré comme un meurtrier en puissance. Il serait alors coupable à priori !

La théorie du tueur-*né* implique dès lors une approche *fataliste* : elle classe les individus et les enferme dans une essence dont ils ne peuvent s'extraire. Il y a là une confusion entre le déterminisme et le fatalisme entretenu par cet usage de l'*inné*. Si nous sommes déterminés par certaines tendances, on ne peut dire qu'elles orientent fatalement notre comportement ou forgent de façon irrésistible notre personnalité. Pour saisir en profondeur la personnalité de quelqu'un, il faudrait pouvoir dresser un inventaire de l'ensemble des comportements et attitudes qu'il adopte au cours de sa vie. Dans le domaine du comportement humain, le pouvoir prédictif semble en effet bien limité : si un individu dit *agressif* l'a été par le passé dans certaines circonstances, il n'est aucunement assuré qu'il manifeste son agressivité de la même manière dans le futur ou tout simplement qu'il soit à nouveau agressif, même si les circonstances sont similaires. Non seulement le contexte, mais l'expérience et les rencontres contribuent à modeler les réactions humaines. Les catégories classant les individus sous différents profils ont une rigidité qui omet la singularité de chacun.

Il semble alors justifié de dénoncer l'usage *idéologique* de l'*inné* auquel a recours la théorie des tueur-*nés*. Cette théorie est en effet guidée par une *idée* préconçue qu'elle tente de confirmer par des données empiriques, sans chercher à véritablement la tester : l'idée de l'agressivité ou la dangerosité intrinsèque d'un individu pour la société, repérable dans son anatomie, sa morphologie ou sa physiologie.

Étymologiquement, l'idéologie suggère qu'une *idée* (préconçue) devient l'objet d'une science (*logos*), sans jamais être remise en question, ce qui tend à faire de cette science une *pseudo*-science (du grec *pseudês*, ψευδής, qui signifie « faux »). C'est pourquoi les disciplines qui étayent cette théorie du tueur-*né* (physiognomonie, anthropométrie criminelle, neurocriminologie, psychologie) sont sujettes à des dérives pseudo-scientifiques. Certaines, comme la phrénologie, ont d'ailleurs été reconnues, dans l'histoire des sciences, comme des pseudo-sciences et ont aujourd'hui disparu.

QUE FAIRE DES TUEURS-*NÉS*?

Ainsi, pour les théoriciens des tueurs-*nés*, le danger que représentent les sujets pour la société semble compter davantage que la gravité de leurs actes. Leurs travaux sont alors portés par une ambition sociale et politique : il s'agit avant tout de réfléchir à la protection de la société et à la façon dont elle peut neutraliser ces individus dangereux.

Pourtant, la référence à l'instinct meurtrier *inné* peut donner lieu à des conclusions opposées. Suivant les contextes, en effet, les tueurs-*nés* mus par une force meurtrière irrésistible sont considérés soit comme incorrigibles soit comme relevant du domaine pathologique et pouvant donc être soignés. Le sujet est considéré tantôt comme responsable d'un point de vue pénal, tantôt comme irresponsable.

La première option est défendue par Gall et Lombroso. Selon Gall, les tueurs-*nés* ne doivent pas être tolérés dans la société et la plupart même « doivent être tués comme on tue des bêtes féroces pour qu'elles ne détruisent pas les hommes[1] ». Pour Lombroso, l'instinct criminel *inné* est irrésistible et intrinsèque à l'individu. Il ne peut être redressé. Le tueur-*né* reste insensible à toute mesure corrective. Atteint d'une monstruosité de nature, il ne saurait être éduqué ni modifié. La société est alors impuissante dans la prise en charge du criminel-*né*. Elle ne peut que chercher à s'en débarrasser et à exclure celui-ci de la sphère sociale.

La seconde option est soutenue par la neurocriminologie (et ce qu'on appelle le neurodroit) qui pathologisent et donc médicalisent le tueur-*né*. Le crime est pensé comme résultant d'une infirmité ou d'une défectuosité que l'on peut

1. Gall [1825, p. 423].

identifier et peut-être même réparer. Les données d'imagerie cérébrale peuvent alors servir pour statuer sur la responsabilité du prévenu[1] et en particulier pour le disculper de sa responsabilité. Un accusé cérébro-lésé verra ainsi sa responsabilité pénale atténuée ou exonérée. La stratégie de la défense consiste à soutenir la thèse suivante : « Ce n'est pas moi, c'est mon cerveau[2]. » Dans cette optique, la possibilité d'une intervention neuroscientifique pour faciliter la réhabilitation des criminels est envisagée.

Résumons : la théorie du tueur-*né* vise à rendre intelligible le crime, à la fois juridiquement et « scientifiquement[3] ». Elle permet non seulement d'intégrer le crime au sein du système pénal, mais aussi de rendre compte « objectivement » de cette notion. Pour paraphraser Gall, certains crimes sont tellement barbares qu'on ne peut les expliquer sans postuler l'existence d'un instinct meurtrier[4].

Mais en réalité, la théorie du tueur-*né* n'entretient qu'une illusion d'intelligibilité puisqu'elle *n'explique* rien à proprement parler. Au contraire, l'*inné* apparaît comme un moyen de donner une apparence d'explication (bien plus qu'une explication réelle) à des idées préconçues (l'agressivité intrinsèque, l'essentialisation des individus, l'identité entre le physique et le mental ou le moral, la toute-puissance du cerveau, etc.). On voit poindre ici la dimension rassurante du recours

---

1. Aharoni *et al.* [2008] ; Jones *et al.* [2013] ; Maoz et Yaffe [2015].
2. « *My brain made me do it defense* », Sternberg [2010]. Voir Penavayre [2020, p. 3] : « Aux États-Unis, Deborah Denno [2015] a recensé 800 affaires pénales ayant eu recours aux neurosciences entre 1992 et 2012. Dans la majorité des cas, les données neuroscientifiques sont invoquées comme une preuve à décharge de l'accusé, en complément de l'expertise psychiatrique et lorsqu'une peine capitale est susceptible d'être prononcée. »
3. Foucault [1975].
4. Gall [1825, p. 422].

à l'*inné* : la force de ce terme est qu'il semble rendre intelligible ce qui est incompréhensible et mesurable ce qui est hors norme ou anormal. En s'appliquant à la criminalité, l'*inné* contribue à disculper la société de toute responsabilité. Si le crime est une disposition *innée*, intrinsèque et naturelle chez certains individus, la société n'a aucune part de responsabilité dans sa persistance. L'*inné* véhicule alors une image brutale, primitive et féroce de la nature qui s'oppose aux acquis de la culture : le criminel est celui qui est resté à l'état de nature, une brute qui ne parvient pas à dominer ses bas instincts, un être inférieur à l'homme civilisé. Enfin, en tant que terme apparemment scientifique, l'*inné* permet aussi de promouvoir certaines sciences en accroissant leur pouvoir prédictif et préventif. Ainsi, si le crime a pour origine le cerveau des criminels, alors les neurosciences s'imposent comme l'outil le plus efficace pour lutter contre la criminalité : elles permettraient non seulement de repérer les tueurs-*nés*, mais aussi éventuellement de les empêcher d'agir ou de les réhabiliter.

Ainsi, ce premier chapitre a montré que la théorie des tueurs-*nés* fait un usage purement *idéologique* du mot *inné* qui consiste à utiliser le terme pour justifier des idées préconçues et rassurantes.

BIBLIOGRAPHIE

AHARONI E., C. FUNK, W. SINNOTT-ARMSTRONG et M. GAZZANIGA, 2008. « Can neurological evidence help courts assess criminal responsibility ? Lessons from law and neuroscience », *Annals of the New York Academy of Sciences* 1124, 1, p. 145-160.

ARCHER J. et V. THANZAMI, 2007. « The relation between physical aggression, size and strength, among a sample of young Indian men », *Personality and Individual Differences* 43, 3, p. 627-633.

CARRE J. M. et C. M. MCCORMICK, 2008. « In your face: facial metrics predict aggressive behaviour in the laboratory and in varsity and professional hockey players », *Proceedings of the Royal Society B: Biological Sciences* 275, 1651, p. 2651-2656.

CARRE J. M., C. M. MCCORMICK et C. J. MONDLOCH, 2009. « Facial structure is a reliable cue of aggressive behavior », *Psychological science* 20, 10, p. 1194-1198.

CORTEN A, 2000. « Criminalité et imaginaire de la criminalité », *in Diabolisation et mal politique. Haïti : misère, religion et politique*, Montréal, Éditions du CIDIHCA, chap. 7, p. 125-138.

FOUCAULT M., 1974-1975. *Les Anormaux*. Cours du 12 février 1975, Paris, Seuil, Sciences humaines, Philosophie, Hautes Études, 1999.

GALL F. J., 1825. *Sur les fonctions du cerveau et sur celles de chacune de ses parties*, J.-B. Baillière.

GOULD S. J., 1997. *La Mal-mesure de l'homme*, Paris, Odile Jacob.

GRAFMAN J., K. SCHWAB, D. WARDEN, A. PRIDGEN, H. R. BROWN et A. M. SALAZAR, 1996. « Frontal lobe injuries, violence, and aggression: a report of the Vietnam Head Injury Study », *Neurology* 46, 5, p. 1231-1231.

HANG Q., L. CHEN et Q. YANG, 2018. « The effects of facial features on judicial decision making », *Advances in Psychological Science* 26, 4, p. 698-709.

Kosinski M., 2017. « Facial width-to-height ratio does not predict self-reported behavioral tendencies », *Psychological Science* 28, 11, p. 1675-1682.

Leutgeb V., M. Leitner, A. Wabnegger, D. Klug, W. Scharmüller, T. Zussner et A. Schienle, 2015. « Brain abnormalities in high-risk violent offenders and their association with psychopathic traits and criminal recidivism », *Neuroscience* 308, p. 194-201.

Lewis D. O., J. H. Pincus, M. Feldman, L. Jackson et B. Bard, 1986. « Psychiatric, neurological, and psychoeducational characteristics of 15 death row inmates in the United States », *American journal of psychiatry* 143, 7, p. 838-845.

Lombroso C., 1887. *L'homme criminel : criminel-né, fou moral, épileptique. Étude anthropologique et médico-légale*, Paris, Félix Alcan.

Penavayre M., 2020. *Enjeux épistémologiques de l'usage judiciaire des neurosciences : une analyse du pouvoir explicatif de la neurocriminologie*, Histoire, Philosophie et Sociologie des sciences, Université de Bordeaux.

Raine A., M. S. Buchsbaum, J. Stanley, S. Lottenberg, L. Abel & J. Stoddard, 1994. « Selective reductions in prefrontal glucose metabolism in murderers », *Biological psychiatry* 36, 6, p. 365-373.

Renneville M., 2000. *Le langage des crânes*, Sanofi-Synthélabo.

Sell A., J. Tooby et L. Cosmides, 2009. « Formidability and the logic of human anger », *Proceedings of the National Academy of Sciences* 106, 35, p. 15073-15078.

II

SOMMES-NOUS *PROGRAMMÉS* POUR PARLER ?

Dans le film de Truffaut, *L'enfant sauvage*, Victor ne sait pas parler. Il lui manque un trait caractéristique de l'humanité, ce qui lui vaut d'être nommé « l'enfant sauvage ». Tous les êtres humains (sauf dans de rares cas pathologiques ou isolés comme Victor) ont en effet cette capacité à tenir des conversations, à s'entretenir sur des sujets divers. Grâce aux mots et aux énoncés qu'ils formulent, ils communiquent entre eux.

Parce que le langage fait partie de notre quotidien depuis notre naissance, nous avons tendance à oublier à quel point il est complexe et fascinant : de simples sons vocaux expriment ou font émerger des propos singuliers et inédits. Parler, c'est connaître un grand nombre de mots : entre 50 000 et 100 000. Parler, c'est aussi appliquer des règles grammaticales. En effet, la grammaire de toute langue est un système combinatoire complexe et aux potentialités infinies : un nombre fini de signes linguistiques (les lettres) permet de créer un nombre illimité de phrases. En témoigne la capacité de chacun à produire ou à comprendre des discours nouveaux, à formuler une même idée à chaque fois de manière sensiblement différente. Les linguistes illustrent la créativité langagière par la récursivité, c'est-à-dire la possibilité de composer des phrases enchâssées qui portent chacune une signification singulière[1]. Il est de fait possible d'ajouter devant n'importe quel énoncé l'expression « je pense que » ou « on m'a dit que », ou de compléter indéfiniment une phrase en ajoutant des adverbes ou des propositions subordonnées :

« La vie est belle. »
« Je pense que la vie est belle. »
« Je pense sincèrement que la vie est belle. »
« Je pense sincèrement que la vie est belle et qu'elle est pleine de surprises. »
« Je pense sincèrement que la vie est belle et qu'elle est pleine de surprises, malgré tout. »
« Sais-tu que je pense sincèrement que la vie est belle et qu'elle est pleine de surprises, malgré tout ? »
Etc.

Toute langue humaine est ainsi un système productif (ou *génératif*). Elle permet à chacun d'exprimer la particularité de son point de vue, de communiquer d'une façon qui lui est propre tout en se faisant comprendre par les membres de sa communauté linguistique.

La langue est un phénomène multiple. Elle est d'abord un phénomène social : elle permet d'exprimer et de partager ses pensées, de comprendre celles des autres. Elle est ensuite un phénomène culturel. En témoigne son impressionnante diversité : il existe plus de 7000 langues[2] et une vingtaine de

---

1. Chomsky [1985 et 1986].
2. Ces langues sont répertoriées sur le site : <https://www.ethnologue.com>. Les 23 langues les plus parlées (dans l'ordre : le mandarin, l'espagnol, l'anglais, l'arabe et le hindi – le français étant 14e) sont pratiquées

langues nouvelles sont identifiées chaque année[1] ! La langue relève enfin d'une capacité psychologique et cognitive possédée en principe par tous. Tous les membres de l'espèce humaine – sauf les individus atteints de pathologies spécifiquement altérantes – maîtrisent le langage, quelle que soit leur culture et quel que soit leur niveau d'éducation. Le langage témoigne de la créativité et de l'intelligence humaine : il ne consiste pas simplement à réagir de façon immédiate et stéréotypée à une stimulation extérieure. Il requiert (ou permet) une capacité à véhiculer un sens, à commenter la situation présente aussi bien qu'à faire référence à des choses non présentes ou fictives.

Si le langage est universel et que chacun parle nécessairement au moins une langue, n'est-il pas alors légitime de considérer la faculté de langage comme *innée* chez l'humain ? Dire que le langage est *inné* reviendrait simplement à affirmer que toute personne humaine est *naturellement* capable de parler. Mais cette affirmation paraît triviale : si l'on parle, n'est-ce pas évidemment parce qu'on en a l'aptitude ou la capacité ? Si on en était incapable, on resterait silencieux ! Alors en quoi le recours à l'*inné* est-il pertinent ? Affirmer que le langage est *inné* revient-il seulement à répéter l'évidence que l'humain est un être de langage ?

En fait, l'hypothèse du langage *inné* – ou *innéisme* linguistique – se présente comme une hypothèse scientifique spécifique quant à l'esprit humain : ce dernier possèderait une

---

par la moitié de la population mondiale. À l'opposé, de nombreuses langues ne comptent que quelques dizaines de locuteurs et sont menacées d'extinction rapide.

1. Le *jedek* est, par exemple, une langue rare mise au jour dans un village du nord de la Malaisie en 2018 par des chercheurs suédois (Joanne Yager et Niclas Burenhult de l'université de Lund).

faculté *innée* spécialement dédiée au langage (ou module *inné* du langage). Cette faculté *innée* de langage rendrait l'être humain capable d'apprendre n'importe quelle langue dès sa naissance, s'il y est suffisamment exposé. Cette faculté *innée* de langage serait ainsi inscrite dans ses gènes, dans son cerveau. Elle aurait même pu être déterminante dans le passé pour la survie et la reproduction de l'espèce. En un mot : l'être humain serait *programmé* pour parler et être un expert en langue ! Mais une telle hypothèse est-elle convaincante ?

HOMO SAPIENS, LE CRÉOLE ET L'ENFANT POLYGLOTTE

Penchons-nous, dans un premier temps, sur la triple énigme de l'émergence du langage et des langues, à l'échelle de l'évolution, de la société et de l'individu.

Première question : quand et comment le langage est-il apparu au cours de l'évolution ?

Si on remonte à l'ancêtre commun aux grands singes et aux hominidés (dont font partie les êtres humains) qui a existé il y a environ 6 millions d'années, l'hypothèse la plus probable est qu'il ne possédait pas le langage. En effet, les chimpanzés et les bonobos ne possèdent pas de systèmes de communication aussi expressifs que le nôtre. Or, selon un principe bien connu de la biologie de l'évolution, il est peu probable qu'une capacité aussi complexe que le langage ait été « perdue » au cours de l'évolution. Celui-ci a donc dû apparaître après la séparation des hominidés d'avec les grands singes, soit au cours des 6 derniers millions d'années.

Il se pourrait que le langage soit apparu plus récemment, il y a environ 2 millions d'années avec le genre *Homo* et notre ancêtre *Homo erectus* car ce dernier se caractérise par l'augmentation significative de la taille de son corps et de son cerveau, ou bien plus récemment il y a 400 000 ans avec *Neanderthalis* (désormais reconnu comme notre « cousin ») qui possède lui aussi un crâne d'une taille importante (aussi gros que celui des humains modernes).

Nous manquons pourtant encore de preuve directe pour conclure avec certitude que la taille du cerveau suffit à attribuer à ces hominidés un langage comparable au nôtre. Chez l'humain moderne, le traitement linguistique se caractérise par la spécialisation des hémisphères du cerveau avec une importance particulière de l'hémisphère gauche (ou « latéralisation »). Le langage peut-il découler d'une encéphalisation, c'est-à-dire d'une « simple » augmentation de la taille du cerveau ou bien nécessite-t-il la latéralisation de ce dernier ?

Enfin, le langage aurait pu apparaître encore plus récemment, avec les populations modernes (similaires à nous d'un point de vue anatomique et génétique) il y a 150 000 ans avant notre ère[1]. Cette hypothèse est partagée par de nombreux archéologues et paléoanthropologues qui considèrent les traces de comportements symboliques[2] comme les indices de la possession de capacités cognitives comparables aux nôtres, tel le langage.

Mais là encore beaucoup de points restent en suspens. Au sein de ces populations modernes, le langage est-il apparu de façon précoce ou tardive ? De façon abrupte ou graduellement ?

---

1. Mellars [2006].
2. Les traces de comportements symboliques sont, par exemple, des coquillages ornementés ou de l'ocre rouge découverts autour de squelettes (à Herto en Éthiopie, datant de 160 000 av. notre ère, aussi bien qu'à Skhul et Qafzeh, datant de 90 000 ou 100 000 av. notre ère) laissant penser à la pratique de rituels d'enterrement.

Le langage a-t-il évolué à partir de gestes ou de vocalisations ? Comment un système de signes est-il devenu une langue ?

Se pose alors une deuxième question : comment une langue nouvelle émerge-t-elle dans l'histoire humaine, au sein d'une société ? L'exemple du créole est à cet égard riche d'enseignements. La *créolisation* (ou création d'une langue créole) s'est produite à chaque fois que des personnes d'origines différentes – et donc parlant des langues différentes – ont été réunies pour travailler dans les plantations. Par exemple, au tournant du XXe siècle, des travailleurs venant de Chine, du Japon, de Corée, du Portugal, des Philippines et de Porto Rico se sont côtoyés dans les plantations de sucre hawaïennes. Rapidement, ils se sont mis à communiquer entre eux en utilisant un pidgin, une proto-langue dotée d'une grammaire rudimentaire et mêlant les différentes langues maternelles. Or, comme a pu le constater le linguiste Bickerton, les enfants ayant grandi à Hawaï et dont le pidgin était devenu la « langue » maternelle ont créé une nouvelle langue : le créole hawaïen. Autrement dit, ils ont spontanément transformé le pidgin en créole en le complexifiant et en lui injectant des règles grammaticales !

Pidgin *(mots mis côte à côte)*	***Créole anglais Hawaïen*** *(ordre agencé des mots)*	***Traduction française***
Me cape buy, me check make		Il m'a acheté mon café, il m'a fait un chèque ou J'ai acheté du café, j'ai fait un chèque

Building – high place – wall pat – time – nowtime – an' den – a new tempecha eri time show you.	Get one (There is an) electric sign high up on da wall of da building show you what time an temperature get (it is) right now.	Il y a un panneau lumineux en haut du mur de l'immeuble qui indique la température et l'heure

Propos recueillis par Bickerton*, 1981,*
cité par Pinker*, 2013, p. 32.*

Enfin, la question de l'apparition de la langue se pose même à l'échelle de l'individu. Un enfant de Sibérie, d'Argentine ou du désert australien peut apprendre n'importe quelle langue du monde avec une parfaite aisance s'il y est suffisamment exposé. Immergé dans un environnement multilingue, il pourra même apprendre *toutes* les langues de son entourage et ce sans efforts[1] ! Autrement dit, l'enfant semble naturellement polyglotte ! Les linguistes ont identifié une période critique durant laquelle l'acquisition des langues est facilitée (entre deux et cinq ans)[2]. Il est en effet plus difficile d'acquérir une langue en dehors de cette période, comme en témoigne l'apprentissage d'une langue étrangère à l'âge adulte. En outre, on sait aujourd'hui que les nourrissons jusqu'à six mois sont capables de discriminer des phonèmes que les adultes confondent : ils repèrent les contrastes acoustiques présents dans n'importe quelle langue. Ainsi, un nourrisson francophone est capable de différencier la consonne dentale [t̪] de la consonne rétroflexe [ʈ] du hindi, une prouesse dont

1. Karmiloff-Smith [1992]. Certains enfants apprennent même à parler plusieurs langues alors qu'ils sont atteints de retard cognitif (comme le syndrome de Williams, par exemple).
2. Lenneberg [1967] ; Krashen [1973].

sont incapables la plupart des adultes[1] ! Malgré l'immaturité de leur système cognitif, les enfants surpassent de loin les adultes dans leur capacité d'acquisition du langage.

LE LANGAGE COMME « MODULE *INNÉ* »

Pour certains chercheurs contemporains (comme le linguiste Noam Chomsky ou le psychologue Steven Pinker), définir le langage comme un « module » *inné* permet de « résoudre » le mystère de son apparition. L'esprit humain serait équipé d'une faculté de langage, conçue comme l'équivalent d'un petit ordinateur, qui calculerait l'information linguistique de façon autonome et automatique (et donc inconsciente). Ce mécanisme spécialisé dédié au langage serait codé dans les gènes et localisé dans le cerveau. Selon Pinker, il aurait même été recruté par la sélection naturelle pour ses avantages adaptatifs en matière de communication[2]. L'être humain serait donc *programmé* biologiquement pour parler. Cette programmation biologique permettrait alors de « résoudre » la triple énigme de l'apparition du langage et des langues : le module *inné* expliquerait comment l'humain devient un être parlant dans l'évolution, comment il se met à parler une nouvelle langue au cours de l'histoire et enfin comment il devient le locuteur compétent de sa propre langue.

En ce qui concerne l'énigme de l'évolution du langage, l'hypothèse modulaire affirme que le langage – et en particulier la syntaxe – est si complexe qu'il ne saurait être le fruit du hasard. À l'instar de tout autre organe complexe (comme

1. Werker et Tees [1984].
2. Soulignons cependant que tous les partisans du module *inné* du langage ne partagent pas cette thèse (et en particulier Chomsky lui-même).

l'œil), la capacité langagière a dû être spécifiquement sculptée par la sélection naturelle[1]. Selon Pinker, il paraît peu probable que l'évolution de la syntaxe se soit produite suite à une simple dérive génétique aléatoire qui aurait permis aux « bons » gènes de se combiner. Au contraire, un véritable module dédié au langage a dû être mis en place progressivement à partir de formes intermédiaires (de protolangages) dont chacune était utile à son possesseur et représentait un avantage adaptatif. Ainsi, la sélection naturelle a dû favoriser au cours de l'évolution des formes améliorées de langage afin de faciliter la communication : la propriété de récursivité, par exemple, a pu s'avérer très utile pour communiquer des informations précises sur le temps, sur l'espace ou sur les objets et pour exprimer des nuances importantes. Le module *inné* du langage est ainsi conçu comme une véritable adaptation biologique, améliorée par des années d'évolution.

L'hypothèse modulaire permet aussi de rendre compte de l'apparition d'une nouvelle langue au sein d'une société. Selon cette hypothèse, l'immersion linguistique ne peut suffire à expliquer le développement du créole. Les enfants sont exposés à une protolangue (le pidgin), c'est-à-dire à une langue qui n'en est pas tout à fait une, étant composée d'énoncés fragmentés, sans ordre ni cohérence, sans préfixe ni terminaison, sans temps ni marqueurs logiques. Le module *inné* de langage procurerait alors aux enfants la complexité grammaticale qui leur permet de transformer le pidgin en créole. Ceci confirmerait alors l'hypothèse selon laquelle les créoles créés à partir de mélanges linguistiques non apparentés présentent la même grammaire de base[2].

---

1. PINKER [2013].
2. Hypothèse défendue par Bickerton lui-même. Voir PINKER [2013, p. 34].

Enfin, selon les innéistes, la facilité avec laquelle les enfants acquièrent les langues révèle la nécessité de créditer l'esprit humain d'un module *inné* de langage. C'est l'argument de la « pauvreté du stimulus » formulé par Chomsky : les énoncés linguistiques que les enfants entendent sont trop limités en nombre et trop lacunaires (et donc trop « pauvres ») pour permettre l'accès à la richesse des possibilités qu'offre la langue[1]. Ces énoncés sont même parfois volontairement gauchis : les adultes adoptent une tonalité aiguë, une prosodie exagérée ou un vocabulaire enfantin lorsqu'ils s'adressent à un jeune enfant. De plus, en fonction des environnements culturels, les enfants ont des expériences linguistiques très différentes. Par exemple, dans de nombreuses cultures traditionnelles, on ne s'adresse pas verbalement aux enfants aussi souvent que dans les cultures occidentales industrialisées[2]. Ainsi, si l'enfant se bornait à reproduire ce qu'il entend, il commettrait des erreurs importantes de construction (et d'interprétation) de phrases, ce qu'il ne fait pas. Il serait attentif seulement à l'ordre linéaire des mots qu'il entend (ou « structure de surface ») qui ne correspond pas à la véritable structure grammaticale des phrases (ou « structure profonde »). Par exemple, à partir d'une affirmation dotée d'une relative – comme « L'homme qui est en train de courir est grand » –, l'enfant serait incapable de former une phrase interrogative correcte : il dirait « L'homme qui est-il en train de courir est grand ? », ce qu'il ne dit jamais[3] ! Ainsi, selon Chomsky, à partir des erreurs que l'enfant ne commet pas, on peut penser que ce dernier repère intuitivement la différence entre les syntagmes grammaticaux (entre par exemple un verbe

---

1. Chomsky [1980].
2. Schieffelin et Ochs [1986].
3. Crain et Nakayama [1987].

principal et un verbe subordonné). C'est bien la preuve que l'enfant possède une connaissance *innée* des règles et catégories essentielles à toute langue. Dans les termes de Chomsky, il est doté d'une grammaire universelle *innée*[1].

	L'homme qui **est** en train de courir **est** grand
Structure de surface	**Sujet** + **verbe** + **verbe**
Structure profonde (grammaticale)	**Sujet [verbe subordonné]** + **verbe principal**

Structure de surface et structure profonde des phrases selon Chomsky, 1959.

Interrogative formée à partir de la structure de surface (erreur jamais faite par l'enfant)	*L'homme qui est-il en train de courir est grand ?
Interrogative formée à partir de la structure profonde	L'homme qui est grand est-il en train de courir ?

La formation des phrases interrogatives à partir de la structure profonde selon Chomsky, 1959.

1. La grammaire universelle rassemble les éléments communs à toutes les langues humaines (ou universaux linguistiques). Selon Chomsky, chaque langue contient à la fois des éléments idiosyncrasiques (phonologiques, sémantiques, pragmatiques) et des universaux linguistiques (distinction entre syntagmes grammaticaux). Chaque grammaire particulière est conçue comme une version spécifique de la grammaire universelle *innée* que contient le module *inné* du langage.

En résumé, pour les partisans du module *inné* de langage, l'enfant est naturellement un petit linguiste : il possède une connaissance tacite et *innée* des règles et des catégories grammaticales.

La notion de module *inné* fait ainsi le lien entre la linguistique et la biologie. Pour Pinker, le langage est un véritable « instinct » : les humains savent parler comme les araignées savent tisser des toiles. Le tissage de toile est un savoir-faire naturel alliant solidité et délicatesse. Il est signe d'une habileté remarquable. Il n'a pourtant pas été inventé par le génie d'une araignée. Il ne dépend ni de l'éducation ni d'une aptitude particulière pour l'architecture ou la construction. Les araignées tissent des toiles simplement parce qu'elles ont des *cerveaux* d'araignées qui leur ouvrent le besoin de tisser et la compétence pour ce faire. Selon Pinker, le langage doit être conçu de la même manière. Chomsky pour sa part adopte une approche « biolinguistique » qui fait de la faculté de langage une capacité biologiquement déterminée, un « organe mental » au même titre que la vision. Le langage est à cet égard comparable à d'autres phénomènes biologiques, comme la puberté : nous n'apprenons pas à proprement parler le langage, mais ce dernier *mature* biologiquement en nous. Selon cette approche, c'est la maturation biologique qui est responsable de la période critique d'acquisition du langage.

L'USAGE HEURISTIQUE DE L'*INNÉ*

Alors que dans le contexte des tueurs-*nés* (chapitre I), le recours à l'*inné* est *idéologique*, dans l'hypothèse d'un module *inné* de langage il apparaît comme le fruit d'une analyse rigoureuse. On peut donc définir un usage *heuristique* (c'est-à-dire propice à la découverte – *heuriskô* en grec signifiant « je trouve ») de l'*inné*, en proposant deux conditions que l'hypothèse qui le mobilise doit remplir.

La première condition est que l'*inné* soit mobilisé par une hypothèse testable que l'on peut discuter et dont la valeur explicative peut être interrogée. Dès sa formulation à la fin des années 1950, l'hypothèse du module *inné* a suscité un débat qui perdure aujourd'hui. Les opposants à cette hypothèse vont en effet chercher à montrer qu'un module *inné* de langage n'est pas requis pour expliquer la maîtrise de la langue. Selon *l'empirisme*, il suffit d'attribuer à l'être humain de puissantes capacités (*innées !*) d'apprentissage[1] : il n'existe pas de module *inné* de langage, pas plus qu'il n'existe de module *inné* du football. L'être humain serait doté simplement d'un certain nombre d'aptitudes de base qui peuvent être mobilisées pour parler, pour jouer au football ou pour accomplir toute autre chose. Les empiristes reprochent alors au module *inné* de présupposer ce qu'il est censé démontrer (à savoir une maîtrise experte de la syntaxe). A contrario, les partisans du module *inné* soulignent en retour la vacuité explicative de l'hypothèse rivale qui attribue l'acquisition spécifique du langage à de simples aptitudes générales. En un mot, chaque camp reproche au camp adverse son manque de pertinence explicative. On voit alors que pour que l'usage de *l'inné* soit heuristique, il doit tenter d'échapper aux deux risques qui le menacent, d'un côté celui de la tautologie (où l'on projette simplement ce que l'on veut démontrer, à savoir l'expertise syntaxique *innée*) et de l'autre celui de la trivialité (où l'on ne fait que répéter l'évidence que l'humain est un être *naturellement* capable d'apprendre le langage).

---

1. Putnam [1967] ; Quine [1970] ; ou plus récemment Cowie [1999].

C'est pourquoi le débat autour du langage *inné* ne se formule pas en posant la question « le langage est-il *inné* ? », mais plutôt en demandant : quelles structures *innées* doit-on postuler dans l'esprit humain qui permettent d'expliquer l'émergence du langage et l'acquisition des langues ? Quelles sont les natures et les degrés de spécialisation de ces structures ? Quelle que soit l'hypothèse qu'ils défendent au sein de ce débat, les chercheurs semblent s'accorder sur le fait que l'*inné* est nécessaire pour rendre possible le développement du langage et des langues, sous la forme d'un module *inné* ou d'une capacité *innée* d'apprentissage. Autrement dit, même les opposants les plus radicaux aux *innéistes* considèrent que le recours à l'*inné* est indispensable pour comprendre le langage et les langues.

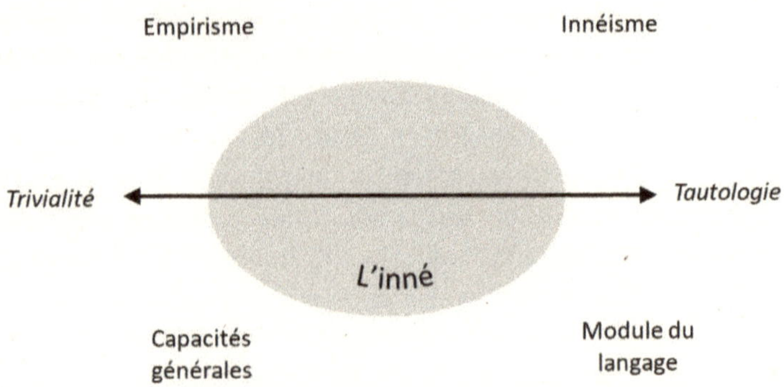

Cartographie du débat sur le langage inné.

La seconde condition pour un usage *heuristique* de l'*inné* est qu'il suscite la confrontation entre plusieurs sciences. L'hypothèse du langage *inné* a en effet stimulé les études sur le langage au sein de (et entre les) différentes disciplines scientifiques (et pas seulement au sein de la linguistique[1]). Elle a ainsi donné lieu à de vives controverses. On peut prendre comme exemple le débat en neuropsychologie sur la possible localisation du langage dans le cerveau. Certains travaux neuroscientifiques semblent en effet plaider en faveur de l'existence d'un module *inné*, localisable dans le cerveau sous la forme de circuits neuronaux spécifiques. Certaines zones cérébrales situées dans la partie temporale de l'hémisphère gauche seraient dédiées au langage, chez la grande majorité des êtres humains : l'« aire de Broca » (dans le cortex frontal inférieur gauche) serait spécialisée dans la production du discours (l'articulation et la segmentation des sons) et l'« aire de Wernicke » (dans le cortex temporal supérieur postérieur gauche) dans la perception et la compréhension du discours. D'autres études ont montré cette spécialisation de l'hémisphère gauche pour les sons de parole chez le nourrisson dès l'âge de trois mois[2]. Ces données et leur interprétation ont néanmoins été interrogées. D'une part, il se pourrait que la localisation cérébrale du langage soit acquise (et non *innée*) comme elle l'est pour d'autres compétences[3]. D'autre part, les circuits neuronaux sous-tendant le traitement du langage ne semblent pas se réduire aux aires de Broca et de Wernicke. À l'inverse, ces dernières ne paraissent pas

1. L'hypothèse du langage *inné* a ainsi mobilisé des disciplines aussi variées que la psychologie cognitive, l'anthropologie cognitive, la psychologie du développement, l'étude des pathologies, l'éthologie cognitive, la théorie de l'évolution et les neurosciences.
2. Christophe [2002].
3. Pourrait venir à l'appui de cette affirmation le fait suivant : la prévalence manuelle (le fait d'être droitier ou gaucher) a un effet marqué sur la spécialisation hémisphérique du langage : le centre du langage se situe dans l'hémisphère gauche du cerveau d'un droitier, tandis qu'il se trouve dans l'hémisphère droit du cerveau d'un gaucher.

entièrement dédiées au traitement linguistique. L'aire de Broca, par exemple, serait également impliquée dans des tâches de contrôle exécutif et d'inhibition[1].

Ainsi, l'hypothèse du module *inné* du langage ne concerne pas seulement la linguistique et convoque différentes sciences : elle trouve en particulier des arguments et des contre-arguments en neuropsychologie.

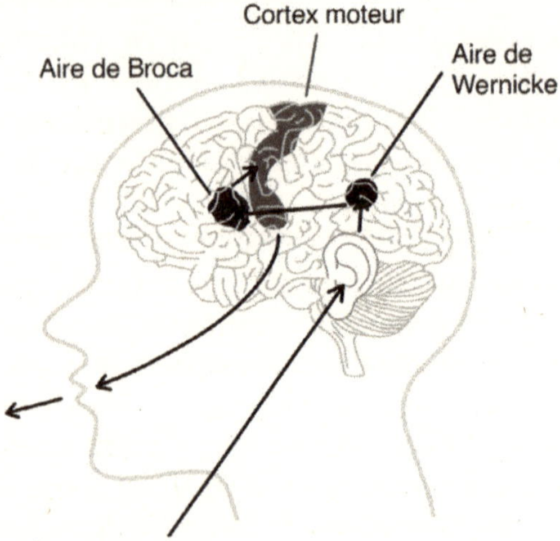

La localisation du langage dans le cerveau selon l'hypothèse modulaire.
Schéma réalisé par Rosalie Vaysset-Geneix.

1. Amunts *et al.* [2003].

LA MÉTAPHORE DE L'ORDINATEUR EN QUESTION

Ces clarifications étant faites, il est maintenant possible d'interroger plus avant la valeur explicative de l'hypothèse du module *inné*. Comme l'indiquent les notions de *module* ou de *programme*, l'approche modulaire du langage se situe explicitement au sein de la métaphore de l'ordinateur utilisée par les sciences cognitives pour étudier l'esprit humain. Elle met ainsi l'accent sur la capacité combinatoire (et en particulier sur la propriété de récursivité), capacité commune au langage humain et au langage informatique ou mathématique.

Mais si cette métaphore de l'ordinateur a joué un rôle important à l'orée des sciences cognitives et du débat contemporain sur l'*inné*, on peut aujourd'hui remettre en question sa pertinence. Certes, langage humain et langage informatique sont tous deux des combinatoires de symboles. Le langage humain semble en effet pouvoir être formalisé en programme informatique, c'est-à-dire en une séquence d'instructions compréhensibles par un ordinateur. Récemment, le traitement automatique des langues (aux frontières de l'informatique, de la linguistique et de l'intelligence artificielle – IA) a permis à la traduction automatique de textes de faire d'immenses progrès. Si on ajoute à cela l'apparition récente des intelligences artificielles parlantes ou conversationnelles (comme Siri, Alexa, Cortana ou Google Assistant), on pourrait croire que les robots peuvent parler. Mais c'est pourtant loin d'être le cas. Doter d'une voix les ordinateurs ou téléphones portables ne fait pas d'eux des êtres parlants. Il suffit d'interagir quelques secondes avec ces machines pour se rendre compte que les échanges avec elles restent très limités[1].

1. Pourrons-nous avoir un jour avec ces machines des dialogues aussi étoffés et complexes que ceux que nous entretenons avec nos congénères ?

La simulation ne sera jamais une maîtrise véritable du langage humain. Le langage ne peut pas être reproduit par inférence d'après des données et des statistiques. La raison en est simple : la capacité combinatoire ne saurait résumer la complexité du langage humain. Il manque en effet à ces IA la compréhension du contexte et l'accès au *sens*. La langue n'est ni une combinatoire ni une prouesse grammaticale. Elle est une façon de s'exprimer d'une façon singulière dans des situations particulières, de formuler une pensée et d'interagir avec d'autres locuteurs.

En fait, l'approche modulaire du langage présente les trois énigmes évoquées ci-dessus sous un angle fortement discutable. Elle conçoit la sélection naturelle comme un ingénieur habile qui façonnerait et aiguiserait les différentes compétences dont il aurait besoin pour faire prospérer l'espèce. Or, rappelons que la sélection naturelle agit sur des comportements déjà existants et que certaines compétences peuvent évoluer sans être spécifiquement recrutées en vertu de leur utilité directe pour la survie ou pour la reproduction de l'espèce. Ainsi, il n'est pas certain que la syntaxe soit une adaptation biologique sélectionnée spécialement pour les bénéfices qu'elle aurait octroyés à ceux qui la maîtrisent. Certains chercheurs considèrent que la syntaxe résulte de la sélection d'autres capacités[1] comme l'usage des nombres, la navigation ou la cognition sociale (compétences qui nécessitent la récursivité). De plus, il ne suffit pas que l'individu soit compétent dans un domaine pour en conclure qu'il possède une

La question reste ouverte.

1. Fitch *et al.* [2005].

structure mentale *innée* responsable de cette compétence[1]. Si l'individu fait des phrases grammaticalement correctes, cela ne signifie pas pour autant qu'il possède une connaissance *innée* de la grammaire comparable à celle du linguiste. Des études montrent en effet que ni les enfants ni les adultes ne sont capables de fournir systématiquement des explications métalinguistiques sur les contraintes du discours[2]. Se pourrait-il qu'ils aient une connaissance *tacite* (et donc *innée*) dont ils n'auraient aucune conscience ?

Il y a plus : la vision modulaire postule l'existence d'une grammaire universelle (*innée*) que toutes les langues partageraient en profondeur, ce qui va à l'encontre de certaines études linguistiques[3]. Ces dernières révèlent en effet que les langues diffèrent grandement entre elles par leurs aspects phonologiques, morphologiques, sémantiques et pragmatiques. Comme l'a montré le philosophe Quine, il est impossible de traduire parfaitement et de façon exhaustive une langue dans une autre, tant elle est culturellement construite et implique un découpage du réel qui lui est propre[4]. La signification d'un énoncé quel qu'il soit découle d'un système de références internes à une culture.

Enfin, l'approche modulaire du langage fait de l'acquisition de la langue un problème logique de calcul, ce qui revient à adopter une approche abstraite et figée : l'apprentissage du langage est vu comme instantané, comme étant le même pour tous. La maîtrise d'une langue est alors identifiée à la connaissance de règles syntaxiques hautement complexes.

---

1. Le philosophe Bechtel dénonce même ce type de raisonnement en montrant sa similitude avec celui de Gall (voir chap. I).
2. Tomasello [1995].
3. Evans et Levinson [2009].
4. Quine [1960].

Dans cette perspective, on comprend pourquoi l'environnement linguistique est vu comme « pauvre » par Chomsky puisqu'il est dénué d'instructions syntaxiques explicites. Or, l'acquisition du langage s'étend sur plusieurs années[1] et diffère grandement en fonction des expériences individuelles. Cette acquisition commence même *in utero* : à six ou sept mois, le fœtus reconnaît et manifeste déjà une préférence pour la voix de sa mère. Dès le quatrième jour après sa naissance, le bébé est capable de faire la différence entre sa langue maternelle et une langue étrangère[2]. De nombreuses études ont montré par ailleurs que les énoncés qu'entendent les enfants ont une influence importante sur leur compétence linguistique future. Par exemple, il existe une forte corrélation entre la quantité de langage entendu par l'enfant et l'étendue de son vocabulaire[3].

Ainsi, l'hypothèse modulaire privilégie une approche abstraite de la syntaxe (conçue comme une compétence universelle et autonome) pour lui permettre de conclure à l'existence d'un module *inné* de langage.

POUR UNE APPROCHE SITUÉE DU LANGAGE ET DES LANGUES

Mais que permettrait de conclure une approche moins abstraite (et davantage contextualisée et *située*) dans le débat sur le langage *inné*?

---

1. Rossi [2009].
2. De Boysson-Bardies [1996].
3. Hart et Risley [1995]. Un enfant exposé à une quantité anormale d'inputs linguistiques développe une déficience linguistique plus ou moins sérieuse : Candland [1995] ; Goldin-Meadow [2003].

Observons d'abord plus avant la *situation* d'acquisition de la langue afin de l'inscrire dans son contexte. Pour apprendre des mots, l'enfant doit déjà connaître des choses. Il n'apprend pas les tournures syntaxiques indépendamment du sens qu'elles véhiculent. Il dresse alors un répertoire de connaissances conceptuelles pendant sa première année – comme la connaissance des objets, des actions et des propriétés –, connaissances qui lui permettent de construire les différentes catégories linguistiques tels les noms, les verbes, les adjectifs. Des études ont ainsi montré que l'acquisition de la grammaire diffère en fonction de ce que les mots signifient : en anglais, l'enfant parvient en premier à utiliser de manière correcte (avec une construction transitive) uniquement les verbes qui évoquent un moyen de locomotion et non pas ceux qui indiquent un mouvement dans une direction spécifiée[1]. En d'autres termes : l'apprentissage de la grammaire se mène de concert avec celui de la sémantique.

À cela s'ajoute le contexte intersubjectif d'énonciation, contexte essentiel à l'apprentissage. L'apprentissage des mots a ordinairement lieu lors de scènes d'attention partagée, ces interactions sociales dans lesquelles l'adulte et l'enfant s'intéressent conjointement à quelque chose dans un monde sur lequel ils se concentrent l'un et l'autre pendant un laps de temps. Par exemple, lorsque la mère nourrit son enfant avec un fruit, elle regarde le fruit, elle le désigne, elle accomplit des gestes référentiels et, en faisant cela, elle fournit des informations (non linguistiques) sur ce à quoi elle fait référence[2]. Le cadre attentionnel partagé avec l'adulte apparaît ainsi essentiel pour permettre à l'enfant de mémoriser le mot auquel se rattache l'objet désigné. Autrement dit, l'apprentissage du

1. Tomasello [2019].
2. Tomasello [2019].

langage humain repose sur une base pragmatique riche qui inclut une motivation forte pour partager une information nouvelle avec l'autre. Pour que l'enfant puisse commencer à parler, il faut donc aussi le créditer d'une capacité à participer à un échange social (ce que les chercheurs appellent la lecture des intentions).

Selon cette perspective, l'apprentissage du langage se ferait non pas par *maturation* mais par l'acquisition successive de *constructions* linguistiques individuelles, toujours dépendantes d'un contexte et véhiculant des intentions particulières de communication. Les règles acquises initialement pourraient ne valoir que de manière *ad hoc*, dans un contexte sémantico-pragmatique particulier. Ces règles, au départ peu abstraites, le deviendraient de plus en plus au fur et à mesure de l'exposition à l'environnement linguistique. C'est une fois seulement que l'enfant aura maîtrisé la compréhension et la production de phrases grammaticalement correctes qu'il pourra commencer à en construire une métaconnaissance. Cette métaconnaissance se rapproche dès lors de ce que les linguistes appellent la syntaxe.

Si l'acquisition d'une langue est fortement motivée par l'interaction avec les autres locuteurs et donc par le désir d'appartenance à une communauté, on peut en conclure que le langage ne pourrait jamais apparaître chez un être humain dont les capacités d'interaction avec les autres sont limitées et/ou isolé. En témoigne le cas des enfants sauvages qui sont des enfants probablement atteints d'un trouble autistique et abandonnés, livrés à eux-mêmes (en particulier pendant la période critique d'acquisition) et qui ne parviennent jamais à parler correctement. La langue est avant tout une pratique collective.

Tous ces éléments invitent à réinterpréter à leur tour l'évolution du langage et la créolisation. On peut penser que le langage et les modes de cognition se construisent réciproquement et sont les fruits d'interactions[1]. La pratique à plusieurs d'un mélange de protolangues permet de mettre en place des structures régulières, de construire ensemble des règles efficaces pour faciliter la communication et l'échange. La créolisation pourrait être interprétée comme le résultat contingent et inattendu d'un métissage de langues et de cultures, création imprévisible d'une langue en même temps que d'une entité culturelle inédite (à partir de chocs et d'interférences entre des cultures diverses)[2].

L'émulation collective et la nécessité des échanges humains feraient émerger la langue créole à une allure vertigineuse. D'autres explications alternatives soulignent le caractère progressif de la construction des créoles et mettent l'accent sur le caractère déterminant de l'exposition aux langues qui composent le pidgin[3]. Dans tous les cas, l'être humain développerait une langue pour comprendre et se faire comprendre, pour transmettre une information ou exprimer sa pensée. Il ne chercherait donc pas de prime abord à faire des phrases grammaticalement correctes.

Ainsi, selon cette conception, il n'existerait pas une grammaire universelle *innée* ni une faculté mentale *innée* distincte et dédiée au langage. L'humain ne serait donc pas *programmé* pour parler. À contrario, la compétence langagière pourrait naître de la sollicitation de diverses capacités cognitives et sociales au sein d'un groupe. Selon cette hypothèse, l'*inné* n'est pas associé à un *programme* spécifique, mais il désigne

1. Jablonka, Ginsburg et Dor [2012].
2. Glissant [1996].
3. Prinz insiste ainsi par exemple sur la présence au sein du pidgin hawaïen de certaines règles grammaticales provenant de l'anglais.

diverses capacités qui, par leurs multiples interactions et dans des situations données, font émerger un phénomène aussi complexe que le langage.

Après avoir, dans le premier chapitre, indiqué un usage *idéologique* de l'inné, ce chapitre a mis en évidence l'existence d'un usage *heuristique* de l'inné, au cœur de nombreux débats scientifiques. Cet usage est adossé à une analyse rigoureuse dont on peut débattre de la valeur explicative et source de confrontation entre différentes sciences.

BIBLIOGRAPHIE

AMUNTS K., A. SCHLEICHER, A. DITTERICH et K. ZILLES, 2003. « Broca's region: cytoarchitectonic asymmetry and developmental changes », *Journal of Comparative Neurology* 465, 1, p. 72-89.

DE BOYSSON BARDIES B., 1996. *Comment la parole vient aux enfants*, Paris, Odile Jacob.

CANDLAND D. K., 1995. *Feral children and clever animals: Reflections on human nature*, Oxford, Oxford University Press.

CHOMSKY N., 1981. *Réflexions sur le langage*, Paris, Champs Flammarion.

— 1980. *Règles et représentations*, Paris, Flammarion, trad. A. Kihm, 1985.

— 1986. *Knowledge of language: Its nature, origin, and use*, Greenwood Publishing Group.

CHRISTOPHE A., 2002. « L'apprentissage du langage : une capacité innée ? », *Intellectica* 34, p. 189-210.

COWIE F., 1999. *What's Within? Nativism Reconsidered*, Oxford, Oxford University Press.

CRAIN S. et M. NAKAYAMA, 1987. « Structure dependence in grammar formation », *Language*, p. 522-543.

EVANS N. et S. C. LEVINSON, 2009. « The myth of language universals: Language diversity and its importance for cognitive science », *Behavioral and brain sciences* 32, 5, p. 429-448.

FITCH T., M. HAUSER et N. CHOMSKY, 2005. « The Evolution of the Language Faculty: Clarifcations and Implications », *Cognition* 97, p. 179-210.

GLISSANT É., 1996. *Introduction à une poétique du divers*, Paris, Gallimard.

HART B. et T. R. RISLEY, 1995. *Meaningful differences in the everyday experience of young American children*, Paul H Brookes Publishing.

KARMILOFF-SMITH A., 1992. *Beyond Modularity: A Developmental Perspective on Cognitive Science*, Cambridge (Ma), The MIT Press.

KRASHEN S. D., 1973. « Lateralization, language learning, and the critical period: Some new evidence », *Language learning* 23, 1, p. 63-74.

JABLONKA E., S. GINSBURG S. et D. DOR, 2012. « The co-evolution of language and emotions », *Phil. Trans. R. Soc.* B 367, p. 2152-2159.

LENNEBERG E. H., 1967. « The biological foundations of language », *Hospital Practice 2*, 12, p. 59-67.

MELLARS P., 2006. « Why did modern human populations disperse from Africa ca. 60,000 years ago? A new model », *Proceedings of the National Academy of Sciences* 103, 25, p. 9381-9386.

PINKER S., 1994. *L'instinct du langage*, Paris, Odile Jacob, 2013.

PUTNAM H., 1967. « The "innateness hypothesis" and explanatory models in linguistics », *A Portrait of Twenty-five Years*, p. 41-51, Dordrecht, Springer.

QUINE W., 1970. « Methodological reflection on current linguistic theory », *Synthese* 21, 3-4, p. 386-398.

ROSSI C., 2009. « Le langage en construction(s) : l'acquisition du langage, de l'observation aux approches théoriques », *La Clé des Langues* [en ligne], Lyon, ENS de LYON/DGESCO (ISSN 2107-7029).

SCHIEFFELIN B. B. et E. OCHS, 1986. « Language socialization », *Annual review of anthropology* 15, p. 163-191.

TOMASELLO M., 1995. « Language is not an instinct », *Developmental psychology.*

Perceptual and cognitive Development I, p. 279-303.

TOMASELLO M. 2019. *Becoming Human: A Theory of Ontogeny*, Cambridge, Mass., Harvard University Press.

WERKER J. F. et R. C. TEES, 1984. « Cross-language speech perception: Evidence for perceptual reorganization during the first year of life », *Infant behavior and development* 7, 1, p. 49-63.

III

L'ESPRIT DU BÉBÉ EST-IL UNE PAGE BLANCHE ?

« Un bébé ne peut exister tout seul,
il fait essentiellement partie d'une relation. »

Donald W. WINNICOTT,
« Le bébé en tant que personne », 1947

Face au spectacle d'un bébé, rien ne paraît plus vrai que l'adage bien connu d'Érasme : « On ne naît pas homme, on le devient. » Le nouveau-né semble bien devoir *tout* apprendre et *tout* devenir ! Son esprit paraît se présenter à la naissance comme une page entièrement blanche, comme une « table rase », un « tableau blanc », une « tablette de cire » sur lesquels viendront s'inscrire les expériences multiples et successives qu'il s'apprête à vivre[1]. Il lui faudra des années d'exploration et de découvertes pour appréhender et comprendre le monde qui l'entoure.

Cette idée se trouve renforcée par la durée de l'enfance humaine, objectivement beaucoup plus longue que celle des autres espèces. Comparés aux autres primates par exemple,

1. On trouve ces expressions chez Locke, grand opposant aux idées innées, dans son *Essai sur l'entendement humain*.

les jeunes humains naissent très tôt dans leur développement – après une période de gestation elle-même déjà longue[1]. Cette période d'immaturité qu'est l'enfance humaine semble alors particulièrement propice à la formation et à l'apprentissage. On sait aujourd'hui que le petit pourcentage de différences génétiques qui nous sépare des grands singes (entre 1 % et 5 % selon le décompte retenu) concerne les « gènes de la régulation », responsables de la temporalité du développement[2]. La durée plus longue de l'enfance permet chez l'humain, en étroite interaction avec l'environnement, l'acquisition de compétences intellectuelles et sociales puissantes et singulières. La contrepartie de la longue immaturité, de la très grande fragilité et vulnérabilité du bébé serait donc l'intelligence humaine; celle de son inachèvement, le signe de la plasticité et de la diversité humaine.

Mais ces considérations permettent-elle de conclure que le cerveau du bébé n'est qu'un cerveau réflexe et son esprit un pur produit du système nerveux, comme certains ont pu le penser dans l'histoire[3]? Le mot « nourrisson » lui-même révèle la tendance que l'on a à réduire le bébé à un système digestif, à cet être passif centré sur son activité alimentaire, qui reçoit tout de l'extérieur[4]. Quant au mot *bébé*, son origine est mal connue. À l'instar des mots « Papa » et « Maman », il fait sans doute référence au babillage – et donc, à l'absence du langage proprement dit – et aux voyelles et consonnes aisément prononcées par le bébé[5]. Les modes d'expression

1. C'est ce qu'on nomme la néoténie.
2. Gould [1977].
3. C'est notamment la thèse défendue par la psychologie béhavioriste de Skinner et la théorie partagée par les professionnels de santé jusque dans les années 1950.
4. Golse [2019].
5. Comme les voyelles ouvertes (a) et les consonnes antérieures (p et m).

du bébé sont en effet très limités : il pleure, dort, gémit ou babille. Comment savoir ce que le bébé a dans l'esprit, ce qu'il ressent ou sait ? Si le bébé est au départ dénué de langage, est-il pour autant dénué de toute pensée[1] ?

Il est délicat de répondre à ces questions tant le bébé apparaît comme un être à la fois proche et éloigné de l'adulte. Il est un *alter ego* – un autre moi-même – mais d'un genre particulier. Il s'agit d'un petit être familier, une partie de moi (celui que j'ai été, un petit moi) et en même temps un petit étranger, un autre que moi (celui que je ne suis plus et que je ne serai plus jamais). Le bébé est un adulte *en devenir*, un humain inachevé, immature, en même temps qu'un *être*, un humain à part entière. Autrement dit, c'est avant tout parce qu'il incarne le changement que le bébé est difficile à concevoir en et pour lui-même. On ne saurait ramener en effet la prime enfance à une simple transition au nom d'une réalité à venir. Mais on ne saurait non plus l'emprisonner dans une « essence » qui enfermerait le bébé dans des caractéristiques figées. L'état de nouveau-né semble à la fois en continuité vis-à-vis d'un état dit « mature » qu'il précéderait (et dont il permettrait la *maturation*) et en totale discontinuité avec un tel état dont la *maturité* le forcerait à disparaître de façon irréversible.

En tout cas, la complexité de la situation dans laquelle il se trouve interpelle : face à la multitude des stimulations externes, comment peut-il savoir ce qui est important pour lui ? Sans doute vient-il au monde avec d'impressionnantes *capacités* d'apprentissage *innées* ! Mais est-ce là tout ce qu'il possède d'*inné* ? Depuis les années 1960, la psychologie néonatale, nouvelle discipline expérimentale, étudie de près l'esprit des

---

1. Le mot latin désignant l'enfant jusqu'à l'âge de sept ans, *infans*, signifie *celui qui ne parle pas*.

bébés et a ainsi permis d'étayer l'idée que ceux-ci en savent bien plus que ce que l'on pense[1]. Mais que savent-ils exactement ?

LE BÉBÉ STUPIDE

Jusqu'au milieu du XXe siècle, le bébé ne présente pas un grand intérêt pour les adultes qui ne le considèrent ni vraiment pour lui-même, ni vraiment comme celui qu'ils ont été et qui a pu laisser une marque indélébile en eux. Au mieux est-il la plupart du temps un objet théorique[2]. Il ne sera pris au sérieux par la médecine qu'après la Seconde Guerre mondiale[3].

À quelques exceptions près, le nouveau-né est considéré comme un être essentiellement dépendant d'autrui, dénué de langage, de capacité d'agir et de raison[4]. Il est souvent associé à un stade présocial et aux conceptions philosophiques de l'état de nature. Il renvoie alors à un ensemble de valeurs morales contradictoires : il suscite tantôt la nostalgie d'un état pur, innocent, tantôt le rejet d'un état barbare et immoral[5]. Le bébé est néanmoins la plupart du temps conçu comme

1. Il n'y a pas seulement les avancées de la psychologie du développement précoce qui permettent d'affirmer une telle chose, mais également celles de la psychopathologie périnatale et de la psychiatrie du bébé.
2. On peut remarquer toutefois que nombreux sont les penseurs célèbres à avoir observé les bébés (qui sont souvent leurs propres enfants) : Darwin, Taine, Freud, Piaget, Mélanie Klein, Anna Freud, Winnicott, Esther Bick.
3. Les professionnels commencent alors à parler non plus du nourrisson, mais du bébé ; Golse [2019]. On peut remarquer en outre que c'est seulement à la fin des années 1990 que les *Childhood Studies* imposent leur existence intellectuelle et institutionnelle ; Collomb [2019].
4. Collomb [2019].
5. Piterbraut-Merx [2019]. Par exemple, pour Nietzsche, l'enfant incarne de nouvelles valeurs alors que, pour Freud, il illustre plutôt la déstabilisation de l'ordre social et le concept de régression.

dénué d'intelligence : non seulement sans aucune connaissance, mais baignant dans un état initial de totale confusion perceptive. Il serait alors incapable de faire la différence entre les stimulations d'origine externe et celles d'origine interne. Et il aurait effectivement *tout* à apprendre.

Au XVIIe siècle, le philosophe John Locke, célèbre pour sa critique des idées *innées*, cite l'enfant aux côtés du fou, du malade, de l'idiot : tous ces êtres se caractérisent selon lui par leur manque de connaissances, leur absence d'idées et en particulier d'idées abstraites. Par exemple, tous ignorent les vérités logiques de base comme le principe de contradiction. Pour Locke, le fait que les connaissances et les idées ne soient pas universellement partagées est bien la preuve que les idées *innées* n'existent pas. Toute idée qui vient spontanément en notre esprit requiert l'expérience pour être formée. Ainsi, l'esprit du bébé à la naissance, avant toute expérience, est une page blanche, une « table rase », une tablette de cire où rien n'est écrit au départ et où l'expérience viendra poser son empreinte.

La malléabilité extrême attribuée à l'esprit du bébé fait de l'enfance une période éminemment formatrice et permet de donner toute sa place aux interventions éducatives. Le bébé serait d'abord un être qui subit les impressions du monde extérieur sans qu'il puisse en être immédiatement le maître. L'adulte-éducateur pourrait alors contrôler son environnement et orienter ses aptitudes naturelles vers un développement épanouissant pour lui et compatible avec la société.

Si la conception de la page blanche semble aller de pair avec un rejet des idées *innées*, il nous faut toutefois remarquer que cette vision du bébé n'est pas l'apanage des opposants à l'*innéisme*. Traditionnellement, les partisans des idées *innées* considèrent eux aussi le bébé à la naissance comme assailli de toutes parts par des sensations floues et désordonnées et comme une *table rase* en matière de connaissances. Pour preuve, le premier âge de la vie se caractérise pour Descartes, pourtant fervent innéiste, par une réception constante des impressions vives des sens, une domination des appétits et une imagination emplie d'une infinité de fausses pensées. Par exemple, l'enfant a selon lui tendance à peupler l'univers de petites âmes. L'enfance est une période pendant laquelle la capacité rationnelle ne s'exprime pas encore (elle n'est pas « actualisée[1] »). Elle est alors le lieu et le temps privilégiés de la formation des préjugés qui va souvent de pair, pour Descartes, avec la subordination aux adultes et aux précepteurs. Profondément immature, l'enfant manque encore de structures *innées* qui n'apparaîtront que par *maturation* au cours du temps : elles se développeront nécessairement et de façon endogène le moment venu. Ainsi, à l'instar du langage qui, pour Chomsky, bien qu'*inné* a besoin de temps pour se développer, les idées *innées* chez Descartes font référence à des *dispositions* à les développer qui requièrent une certaine *maturité* de l'individu pour qu'elles se manifestent. Les idées *innées* ne sont donc pas présentes à la naissance. Elles se formeront nécessairement (ou *s'actualiseront*) en temps voulu.

Ainsi, pour les opposants aux idées *innées* comme pour leurs défenseurs, l'enfant est un être *en devenir* et *inachevé* : dans un cas, il manque d'*apprentissage*, dans l'autre, il manque de *maturation*. Dans les deux cas, une continuité est affirmée entre le bébé et l'adulte et l'on passe de l'état immature à l'état mature par une transition progressive à mesure de l'expérience vécue.

1. Descartes [1897-1913, AT X 400].

LE BÉBÉ EXPÉRIMENTATEUR

Au cours du xxe siècle, le bébé devient un véritable sujet de recherche. Le psychologue Piaget a ainsi fourni des données précieuses sur le développement psychologique des nourrissons et des jeunes enfants grâce à l'observation de ses propres enfants. Afin d'étudier la genèse des fonctions cognitives, il a alors créé des tâches que l'enfant doit réaliser et qui doivent permettre de détecter son mode de raisonnement[1]. Par exemple, Piaget cherche à tester la représentation que se fait l'enfant d'un objet en le cachant à sa vue et en observant les efforts qu'il fait pour le retrouver. L'enfant sait-il que l'objet existe et garde son identité indépendamment de ses perceptions et de ses actions ? Autrement dit, connaît-il la permanence des objets[2] ?

Piaget observe que l'enfant devient capable d'attraper l'objet caché seulement à partir de neuf mois. Il en déduit que c'est à ce moment-là qu'il commence à connaître le monde et à se représenter celui des objets. L'expérimentation active (la manipulation des objets, l'exploration de l'espace grâce au corps) est ainsi, selon lui, le processus de base par lequel le nourrisson en vient à connaître le monde qui l'entoure, à se représenter les objets et à mener des raisonnements à leurs sujets. C'est cette expérimentation acquise qui structure tout le développement de l'intelligence.

Piaget propose alors une description du développement cognitif de l'enfant : l'intelligence se forme au cours de quatre stades successifs. Chaque stade correspond à un niveau plus

---

1. Piaget [1936].
2. Piaget [1937] définit le concept de permanence des objets comme la compréhension que les objets continuent à exister en l'absence de leur perception et maintiennent leur identité à travers le changement de lieu.

abstrait de pensée : le stade sensorimoteur jusqu'à deux ans, le stade préopératoire de deux à sept ans, le stade des opérations concrètes de six à douze ans et le stade des opérations formelles à partir de onze ans. Le passage d'un stade à l'autre se fait grâce à l'action de l'enfant. La connaissance est *acquise* grâce à l'interaction dynamique et expérimentale que l'enfant opère avec son environnement. Par son action manipulatrice et exploratrice du monde, l'enfant ne cesse de découvrir et d'intégrer de nouveaux objets et de nouvelles situations en les *assimilant* à ce qu'il connait déjà. En même temps, il modifie et *accommode* ses actions pour faciliter l'assimilation d'un nombre croissant de nouveaux objets et de nouvelles situations. L'apprentissage est ainsi pensé dans une perspective *développementale* globale.

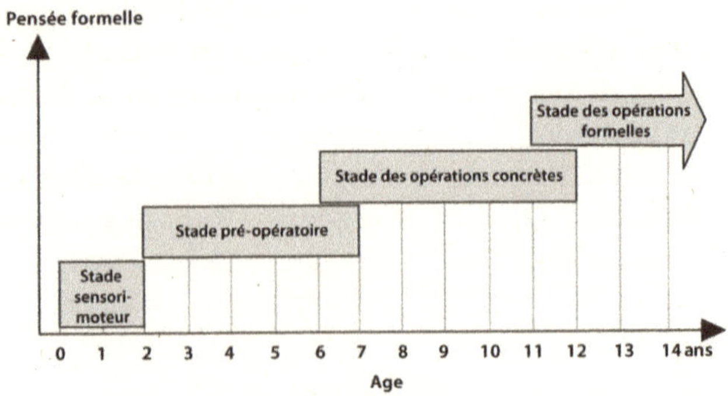

Les stades du développement de l'enfant selon Piaget.

En insistant sur le développement tel qu'il le comprend, Piaget donne un moyen de sortir de l'opposition, qu'il juge stérile, entre *innéisme* – l'enfant n'apprendrait *rien* à strictement parler, ses structures *innées* s'actualiseraient petit à petit – et *empirisme* (la doctrine rivale) – l'enfant apprendrait *tout* de son environnement et son esprit serait une page blanche. Le développement psychologique se fait grâce à la *construction* de la connaissance par une étroite *interaction* entre le sujet et le monde.

Mais le constructivisme de Piaget est-il pour autant recevable ? On peut s'étonner qu'il reste encore cantonné à une vision réductrice du bébé. Si l'action seule permet de progresser dans la connaissance, le bébé n'aurait aucune connaissance de la naissance jusqu'au moment où il se mettrait à utiliser ses mains pour saisir un objet (deux mois). Qu'il n'ait aucune idée *innée*, cela peut sembler défendable. Mais Piaget va plus loin : le bébé ne *percevrait* pas non plus le monde d'une façon objective. Avant neuf mois – âge qui correspond au développement de son activité sensorimotrice coordonnée et multimodale (faisant intervenir plusieurs sens) – le bébé évolue dans un monde de sensations vagues et sans signification. En particulier, selon Piaget, la perception visuelle ne devient fiable que lorsque le bébé commence à la coordonner avec d'autres modalités telles que l'audition ou le toucher. Ainsi, l'enfant ne se mettrait véritablement à percevoir les objets (et à posséder le concept d'objet) qu'à partir du moment où il est capable de saisir un objet caché, c'est-à-dire à partir de neuf mois. Avant cela, il ne saurait donc pas que les objets continuent à exister quand ils sont hors de sa vue.

LE BÉBÉ EN SAIT PLUS QUE CE QUE L'ON CROIT

Si Piaget reste une référence incontournable, sa conception est toutefois fortement remise en question par les recherches psychologiques plus récentes. À partir des années 1960, de nouvelles procédures expérimentales ont vu le jour et ont permis une exploration inédite de l'esprit du bébé. Elles s'appuient sur des comportements présents très tôt, comme téter ou suivre des objets du regard, pour observer systématiquement les réactions du bébé à certaines images, à certaines textures ou à certains sons et tester ainsi ses perceptions et connaissances. Par exemple, on a pu observer une stimulation de l'activité de succion du nouveau-né de cinq jours lorsqu'il entend la voix de sa mère[1]. On en conclut alors qu'il a la capacité de la discriminer.

On étudie aussi le temps que passe le bébé à regarder certains phénomènes (son regard « préférentiel ») en considérant qu'il fixe plus longtemps une scène qui l'intéresse ou l'étonne. Le paradigme expérimental (de l'habituation) est le suivant : on présente au bébé de manière répétée un ensemble d'images figurant le même phénomène jusqu'à ce qu'il s'y habitue. Puis, on lui présente une image présentant un autre phénomène. On lui montre en particulier des événements physiquement improbables, c'est-à-dire des événements qui contredisent les lois physiques de base ou les propriétés fondamentales des objets telle leur permanence (leur solidité et leur continuité). Si le bébé regarde cette image plus longuement, on peut penser qu'il est surpris et qu'il saisit la différence. En proposant des variations subtiles de taille, de forme, de couleur, on tente de saisir la nature de la différence à laquelle l'enfant est sensible.

L'expérience dite du « pont-levis[2] » se déroule de cette manière : on montre plusieurs fois à un bébé de cinq mois, pour l'habituer, un écran se déplaçant en arrière sur une table et pivotant sur l'un de ses bords (à la manière d'un pont-levis). Puis on lui montre successivement deux événements : l'un probable et l'autre improbable. On place tout d'abord un objet solide derrière l'écran, ce qui l'empêche de pivoter (événement

---

1. Eimas *et al.* [1971].
2. Baillargeon [1987] ; Baillargeon, Spelke et Wasserman [1985].

probable). Ensuite, on lui propose un événement physiquement improbable consistant à faire pivoter l'écran à travers l'espace occupé par ce même objet solide. Résultat : le bébé regarde plus longtemps cet événement improbable, comme s'il était surpris que l'écran ne soit pas arrêté par l'objet (que pourtant il ne voit pas) et s'attendait à ce qu'il soit arrêté dans son mouvement par la solidité de l'objet. La conclusion de ce genre d'expérience est la suivante : les réactions des enfants ne s'expliqueraient que si on leur attribuait une représentation mentale des objets, de leur continuité et solidité, alors même qu'ils ne les perçoivent pas et qu'ils sont encore incapables de les attraper. Contrairement à ce que pensait Piaget, les bébés comprennent que les objets continuent à exister même quand ils sont cachés et que les objets solides ne se déplacent pas à travers l'espace occupé par d'autres objets eux aussi solides.

La psychologue Elizabeth Spelke en conclut que les nouveau-nés possèdent des connaissances et des capacités de raisonnement physique de base, fondées sur des principes physiques *innés* comme ceux de continuité et de solidité de l'objet[1]. Ces principes dirigent leur perception du monde. Le principe de continuité établit que les objets existent et bougent continuellement dans le temps et l'espace. Selon ce principe, les objets ne peuvent apparaître ou disparaître spontanément, ni occuper le même espace que d'autres. Le principe de solidité stipule que les objets sont des entités connectées et limitées, qui ne peuvent spontanément se fragmenter lorsqu'ils bougent ou fusionner avec d'autres.

Ainsi, les bébés en « savent » bien plus que ce que l'on croyait ! Ils perçoivent, ils observent, ils pensent ! Ils sont attentifs au mouvement, à la structuration, à la nouveauté.

1. Dès l'âge de trois mois. En effet, d'autres versions de cette expérience concernent des bébés de trois mois. Voir Spelke *et al.* [1992].

Contrairement à ce que défend Piaget, l'enfant est particulièrement sensible au monde environnant et ce bien avant d'être capable de l'explorer manuellement ou de s'y mouvoir. Si le nourrisson échoue avant neuf mois à saisir des objets cachés à sa vue, ce n'est peut-être que pour des raisons sensorimotrices et non pas perceptives ou cognitives.

LE BÉBÉ EST-IL UN SAVANT ?

À partir de ces travaux, certains chercheurs ont ainsi avancé une hypothèse *innéiste* : parce qu'il manifeste un certain degré de compréhension *précoce* des lois ou propriétés physiques, le bébé possèderait un noyau de connaissances *innées*[1]. Ces principes *innés* détermineraient en partie quels attributs lui apparaissent saillants et quelles corrélations sont remarquables dans le monde qu'il perçoit. Par conséquent, les représentations initiales du monde qui guident la perception de l'enfant et ses raisonnements resteraient le cœur de la conception adulte des objets. Selon cette hypothèse, ces premières connaissances ne relèvent d'aucune forme d'apprentissage.

Cette hypothèse *innéiste*, très en vogue dans les années 1990, s'est déclinée dans d'autres domaines cognitifs « de base » comme la biologie, l'arithmétique ou la psychologie : le bébé serait doté pour chacun d'entre eux de principes organisationnels *innés* qui sont spécifiques[2]. D'autres études indiquent en effet que les nourrissons opèrent de façon très précoce

---

1. Kellman et Spelke [1983] ; Baillargeon, Spelke et Wassermann [1985] ; Baillargeon et Graber [1987] ; Spelke [1998].

2. Selon la version défendue, ces principes peuvent prendre la forme de connaissances *innées*, de modules *innés*, voire de théories *innées* sur le monde, qualifiées de « naïves » (*folk* en anglais).

la distinction entre les espèces naturelles et les artefacts, par exemple, ou qu'ils sont capables d'attribuer des pensées à autrui[1]. Apparaît ici une version de l'*innéisme* que l'on peut rebaptiser *nativisme* : le bébé viendrait au monde doté d'un équipement cognitif *natif* qui lui permettrait d'appréhender et de comprendre le monde.

Avant d'en venir aux difficultés que cette théorie soulève, il vaut la peine d'indiquer certains de ses attraits qui expliquent sans doute en partie son succès. Le *nativisme* assimile *inné* à *présent à la naissance* ou *précoce*, ce qui semble intuitivement convaincant. Non seulement, ce sens rappelle l'étymologie du mot « inné », dont le terme latin *in-natus*, rappelons-le, signifie littéralement « né dans », mais il s'appuie aussi sur l'usage courant : est *inné* ce qui n'est ni *acquis* ni *appris*. Le *nativisme* entend alors apporter de nouveaux arguments empiriques à l'*innéisme* en constatant la *précocité* des compétences humaines[2].

QUE SAIT LE BÉBÉ EXACTEMENT?

Une chose est sûre : le bébé en « sait » bien plus que l'on croit. Mais que sait-il exactement ? Ou plutôt : que peut-on légitimement affirmer qu'il sait ? Le *nativisme* est-il une thèse acceptable ?

---

1. Spelke [1994].

2. Face à l'objection qui mettrait l'accent sur la différence entre la présence à la naissance et la précocité, le *nativisme* mobilise une version de l'argument de la pauvreté du stimulus formulé par Chomsky à propos du langage (voir chap. II) : si le nourrisson développe des compétences spécifiques (physiques, par exemple) en si peu de temps et avec si peu d'expérience, c'est justement parce qu'il est doté d'un équipement spécialisé *inné* qui l'aide dans l'appréhension du monde.

Une réserve importante peut être émise à l'égard de l'interprétation des expériences que déploie le *nativisme*. Les premiers signes de « connaissances » ne sont présents qu'après deux mois de vie. Et ce n'est que vers trois ou quatre mois que le bébé comprend qu'un objet solide ne peut pas traverser ou être traversé par un autre objet solide, qu'un objet en mouvement partiellement caché derrière un bloc conserve son unité, etc. Que se passe-t-il donc pendant ces premiers mois ? Le bébé ne cesse d'apprendre et d'observer ! Il est baigné dans un univers riche en stimulations. Certaines recherches révèlent en effet la capacité d'apprentissage impressionnante du bébé : il est possible de lui enseigner une règle en quelques minutes[1] ! D'autres hypothèses pourraient alors être formulées : ces « connaissances » peuvent être le fruit d'un apprentissage ou bien être construites par le nouveau-né. Elles sont certes précoces, mais pas à strictement parler présentes à la naissance.

Cette hypothèse est confortée par ce que l'on sait aujourd'hui des capacités perceptives du bébé : le toucher, l'odorat et le goût sont les premiers sens à apparaître au début de la grossesse et sont, par conséquent, déjà bien développés à la naissance. Si l'ouïe n'apparaît qu'en fin de grossesse, le fœtus a déjà la possibilité « d'entendre » les sons grâce à la vibration du placenta. Cela pourrait expliquer pourquoi un nouveau-né de quelques semaines qui n'a jamais articulé un son est capable de discriminer entre des sons très proches. Quant à la vision, elle apparaît en fin de grossesse. Elle est certes moins développée à la naissance, mais il s'avère que dès l'âge d'une semaine le bébé perçoit la constance des dimensions des objets à des distances variées[2]. En outre, le fœtus

1. Baillargeon [1994] ; Lécuyer et Poirier [1994].
2. Slater et Morison [1985].

commence à explorer activement son environnement *intra utero* et cette exploration devient plus riche à la naissance. À deux mois, il met la main dans sa bouche, puis des objets. Il y a ainsi une coordination *native* du toucher et de la vue : la perception du bébé est déjà intermodale.

Cette remarque est importante car elle met fin à un débat philosophique célèbre aux XVIIe et XVIIIe siècles nommé « le problème de Molyneux » qui opposa l'*empiriste* Locke à l'*innéiste* Leibniz. On imagine un aveugle de naissance à qui on redonnerait la vue. Serait-il capable de reconnaître par la vue (de discerner et de nommer) ce qu'il connaît seulement par le toucher, à savoir un cube et un globe ? Locke répond par la négative : il lui faudra apprendre à apparier ses sens ; Leibniz répond par la positive : l'appariement des sens est *inné*. Aujourd'hui, la majorité des recherches expérimentales montre que cet appariement est en grande partie déjà établi à la naissance et est donc *natif*, c'est-à-dire présent à ce moment-là. Mais est-ce à dire qu'il est *inné* ?

D'autres recherches ont montré que l'apprentissage commence même *avant* la naissance, *in utero*. Le scanner à ultrasons fournit des preuves d'apprentissage prénatal. Les différents systèmes sensoriels se développent pendant la période fœtale selon un ordre commun à tous les mammifères (d'abord le toucher, puis l'olfaction, la gustation, l'audition et enfin la vision). Mis à part la vision, tous les autres sens sont fonctionnels, bien que non matures, au cours du troisième trimestre de vie intra-utérine. L'environnement perceptif du fœtus est riche et varié en stimulations sensorielles : le fœtus est exposé de façon régulière à des informations tactiles et vestibulaires, olfactives et gustatives ainsi que sonores (et visuelles dans une moindre mesure). Ainsi, il commence ses expériences sensorielles *in utero* et commence à forger un certain nombre d'« attentes sensorielles » qui guideront ses conduites initiales[1]. L'appariement entre les différents sens a donc bien pu faire l'objet d'une acquisition ou d'un apprentissage *prénatal*. On peut en conclure que si l'*inné* a un sens, il ne peut signifier *non acquis*, ni même *non appris*. Ainsi, le bébé posséderait des « connaissances » à la naissance, ou précoces, dont l'élaboration a commencé *in utero* et se continue lors des premiers jours d'existence. La naissance, en permettant à la vision de se développer, va alors modifier les relations entre les différentes modalités sensorielles[2].

L'AMBIGUÏTÉ DU DÉVELOPPEMENT

Le terme de « développement » comporte une ambiguïté fondamentale. Étymologiquement, il trouve son origine dans l'ancien français *des-veloper* qui renvoie à l'action de déplier ce qui est enroulé sur lui-même. Il signifie ainsi le déploiement d'une forme, d'une capacité préexistante. C'est souvent en ce sens qu'on a compris le développement du bébé. Qu'il soit vu comme une page blanche ou comme un petit savant, il est alors considéré comme un être en transition entre deux états figés, un état initial (la naissance) et un état final (l'état adulte ou mature). Ainsi, l'état initial contiendrait déjà en puissance, de façon implicite, l'état final. Une continuité est alors envisagée : l'état final préexisterait et serait déjà préformé – dans l'environnement pour l'*empirisme*, dans le bébé pour l'*innéisme*. Ces approches empêchent de véritablement penser l'émergence ou la construction de structures nouvelles[3]. Sont ici renvoyés

---

1. Schaal, Goubet et Delaunay-El Allam [2011].
2. Lecuyer et Durand [2012].
3. Allen et Bickhard [2013].

dos à dos déterminisme culturel et déterminisme biologique. Dans les deux cas, les bébés ne seraient pas véritablement acteurs de leur développement. Ils sont vus tantôt comme de simples miroirs de forces culturelles (exogènes) agissant sur eux depuis leur naissance, entièrement malléables et soumis au conditionnement (et même auparavant) ; tantôt comme réceptacles de forces intrinsèques (endogènes) face auxquelles ils ne peuvent pas faire grand-chose. On voit ici les limites des usages de *l'inné* qui entérinent cette vision du développement : dans le premier cas, rien n'est *inné*, dans le second, tout l'est. Dans les deux cas, le sens de *l'inné* se disloque.

En réalité, peu de chercheurs aujourd'hui assument ce préformationnisme – qu'il soit environnemental ou biologique –, car il revient à négliger les interactions (aléatoires) entre l'organisme et l'environnement[1]. Le développement répond à un autre sens, bien plus pertinent pour penser le bébé humain : il désigne le changement temporel d'organisation durant le cycle de vie[2]. Selon cette perspective, il devient plus difficile d'assigner à ce développement un point de départ et un point d'arrivée sans le figer ni trahir sa nature changeante. Il est alors impossible de le calquer entièrement sur la croissance physique et d'en faire une séquence linéaire d'étapes, une accumulation de compétences successives qui mèneraient à un état défini, l'état adulte ou mature. On ne peut plus alors considérer le développement du bébé comme un processus purement cumulatif et téléologique (du grec *telos*, la fin) qui irait d'un point A à un point B.

1. Pradeu *et al.* [2016].
2. Waddington [1956] ; Oyama [2000] ; Oyama, Griffiths et Gray [2001] ; Minelli [2003] ; West-Eberhard [2003] ; Gilbert [2013].

Aussi, la naissance ne peut être considérée comme un point de départ *ex nihilo*[1]. Certes, elle est importante, car « ce passage de la vie amniotique à la vie aérienne » constitue en un sens une « césure[2] », mais cette césure vaudrait davantage du point de vue de l'observateur que de celui du nouveau-né lui-même. La naissance s'inscrit dans un processus déjà amorcé depuis le début de la grossesse, *in utero*. Il s'agit pour le fœtus puis pour le bébé d'organiser progressivement ses sensations et ses émotions et de les élaborer en pensées de plus en plus complexes. Pour illustrer cette continuité, on peut prendre l'exemple du son : le fœtus « entend » très tôt les sons grâce à une « audition cutanée ». Il « entend » les sons qui proviennent de l'intérieur du corps de la mère et traversent les tissus pour faire vibrer le liquide amniotique. Il « entend » aussi les sons provenant de l'extérieur qui doivent de plus traverser la peau maternelle. Cette « audition cutanée » sera relayée par l'audition auditive qui apparaîtra en fin de grossesse et continuera son développement après la naissance[3].

De la même manière, les notions d'âge adulte, de maturité ou d'état final du développement posent problème : s'agit-il d'un état stable[4] ? La question de savoir où s'arrête le développement est une question classique en biologie du développement[5]. Prendre comme point de référence l'état adulte est discutable : l'adulte serait l'état le plus achevé d'un processus d'acquisition des connaissances dont l'enfant serait

---

1. Molina et Jouen [2014].
2. Golse [2010, p. 20-21].
3. C'est ce qui explique le caractère très particulier de la voix de la mère, son provenant à la fois du dehors et du dedans du corps que le bébé reconnaît dès la naissance.
4. Lecuyer [2014].
5. Pradeu *et al.* [2016].

le moment zéro. Mais alors, comment éviter les biais adultocentriques[1] ? Comment ne pas projeter nos propres attentes sur l'esprit du bébé ? L'adultomorphisme ne consiste pas seulement à substituer le point de vue de l'adule à celui du bébé, il revient à concevoir l'ordre des apprentissages à partir de l'état adulte, considéré comme la fin du processus[2].

Or, le paradigme expérimental évoqué plus haut, reposant sur l'habituation et le regard préférentiel, a tendance à interpréter les réactions de l'enfant par rapport aux représentations des adultes. Le temps de regard plus long du bébé est considéré comme exprimant la surprise face à des images figurant des phénomènes jugés étranges ou anormaux par les adultes. Mais, d'une part, l'habituation semble invalider d'emblée les conclusions tirées quant aux principes *innés*, puisque le bébé aurait le temps d'apprendre à se familiariser avec le phénomène. D'autre part, comment interpréter ce regard ? Le bébé exprime-t-il une préférence en regardant plus longtemps quelque chose ? Ce long regard pourrait signifier tout autre chose, comme l'attrait pour la nouveauté ou renvoyer à la complexité du stimulus[3]. Il se peut que n'existe aucune continuité entre la façon dont les bébés se représentent le monde et la façon dont les adultes le font.

LA CO-CONSTRUCTION DU BÉBÉ

Le bébé n'est pas qu'un être à venir. Il est un système développemental en construction, une forme particulière et transitoire d'*Homo sapiens*, comme le sont toutes les étapes du

1. Fischer et Bidell [1991] ; J.-C. Quentel [1997].
2. Lecuyer [2014].
3. Lecuyer [2014].

développement qui s'étendent de la fécondation à la mort. L'intérêt du constructivisme de Piaget est précisément de mettre l'accent sur le caractère construit du développement. Mais il est insuffisant car il en reste à une conception linéaire et sous-tendue par le développement de la pensée abstraite.

Or, le développement n'est pas un unique processus causal. Il est jonché de discontinuités et de ruptures. Les apparitions de la marche ou de la puberté, par exemple, représentent des seuils qualitatifs irréversibles. Autre exemple : l'acquisition du vocabulaire franchit un seuil autour de 21 mois, à partir duquel le nombre de mots appris par jour augmente exponentiellement[1]. Ces changements peuvent être vus autant comme des acquisitions que comme des pertes de compétences : ils correspondent à ce que les psychanalystes appellent des « deuils développementaux[2] ». Tout changement d'état implique un double mouvement : passer à un autre état et donc faire émerger un état nouveau, d'une part, faire disparaître l'état précédent et susciter la perte d'un équilibre antérieur, d'autre part. Ainsi le développement du bébé est-il autant acquisition que sélection de potentialités en fonction des expériences qu'il fait et de l'environnement dans lequel il baigne[3]. Le développement du cerveau se fait en partie grâce à une perte de connexions et de cellules en fonction de la rencontre avec l'environnement[4]. C'est pourquoi le cerveau adulte contient moins de cellules et de connexions

1. Arias-Trejo et Plunkett [2009].
2. Golse [2010, p. 20].
3. Il faut comprendre l'environnement en un sens très large (biologique, alimentaire, écologique, socio-culturel, relationnel, etc.).
4. La plasticité cérébrale met ainsi en branle un double processus de prolifération et d'élagage neuronal dans le cerveau : d'une part, les neurones se forment et migrent vers leur destination finale où ils forment leur branchement axonal propre à créer des connexions avec les autres neurones,

que celui d'un enfant. L'architecture cérébrale et mentale de chaque nouveau-né humain va ainsi s'organiser de manière différente et spécifique en fonction des stimulations environnementales. Autrement dit, chaque développement est singulier. Tout d'abord parce qu'il s'inscrit dans des conditions historico-socio-culturelles singulières, trop rarement prises en compte dans les études sur le fonctionnement cognitif précoce du bébé. Par exemple, c'est seulement dans un environnement hautement structuré socialement que le petit Inuit va naturellement apprendre à construire des kayaks[1]. La singularité du développement tient aussi à la singularité de chaque bébé qui va réagir à cet environnement : la variabilité de l'âge à laquelle les enfants prononcent leurs premiers mots[2] ou font leurs premiers pas, par exemple, est très importante. De plus, dans tous les cas, les adultes qui prennent soin du bébé ont un rôle important à jouer. Les compétences du bébé vont alors se co-construire avec l'adulte, comme l'exprime la citation de Winnicott mise en exergue à ce chapitre : « Un bébé ne peut exister tout seul, il fait essentiellement partie d'une relation[3]. »

Ce n'est qu'en prenant en compte tous ces éléments qu'une conception de l'*inné* pourra être pleinement convaincante. L'*inné* ne peut simplement signifier *présent à la naissance*, puisque la naissance s'inscrit dans un processus. Il doit en outre échapper à une conception *préformationniste* qui projette une continuité qui n'existe sans doute pas. Il doit prendre

---

d'autre part, parallèlement, il y a un phénomène de rétractions axonales et de mort cellulaire ; Edelman [2000].

1. Boyd et Richerson [2006].
2. Fischer et Silver [1985].
3. Winnicott [1947].

en compte la singularité du développement de chaque bébé qui se co-construit avec son entourage.

Il apparaît ainsi difficile d'attribuer au bébé une véritable « connaissance » de la permanence des objets qui impliquerait la maîtrise des concepts de continuité ou de solidité. D'autres études montrent en effet que la détection de la violation de la permanence des objets par l'enfant, si elle existe, n'est pas systématique[1] : les enfants parviendraient à la détecter dans le cas de la disparition magique d'un objet, de l'occupation d'un espace par plusieurs objets ou encore de la dégradation d'un objet en mouvement. Ils échoueraient à le faire dans les cas où l'objet changerait furtivement de taille, de forme ou de couleur. Les représentations des événements – initialement pauvres – se modifieraient avec l'expérience à mesure que l'enfant accumulerait de l'information sur les propriétés des objets. Tout se passe comme si les représentations initiales contenaient une information spatio-temporelle rudimentaire concernant l'identité des objets.

On peut alors supposer raisonnablement que le bébé vient au monde avec certaines *attentes sensorielles* dont l'élaboration (puis la transformation en concepts) s'inscrit dans un processus commençant *avant* la naissance et se continuant jusqu'à l'âge adulte et peut-être même au-delà. C'est pourquoi la notion de *biais inné* paraît pertinente, car elle souligne le caractère dynamique du développement. Elle permet également de penser un équipement *inné* potentiellement doté de quelque continuité, ou d'un certain mécanisme mais qui ne renferme pas tout à fait en lui-même le trait cognitif au développement duquel il participe. En outre, les biais *innés* n'ont pas besoin d'être parfaitement précis ou corrects pour

1. Hespos et Baillargeon [2006].

faciliter l'appréhension du monde et guider l'apprentissage[1]. Ils seront sans doute fortement (voire complètement) modifiés au cours du développement. La conception qu'ont les bébés des autres humains, des objets et du monde change en effet radicalement pendant leur première année, précisément à cause de ce qu'ils découvrent du monde. Attribuer au bébé un biais spatio-temporel *inné* permettrait d'expliquer l'attention qu'il semble avoir envers les objets et certaines relations au monde[2]. Ce biais, flexible, reste compatible avec l'émergence singulière de nouvelles structures, émergence qui constitue le développement humain.

Ce chapitre a montré que le sens courant du mot *inné* (comme synonyme de natif, non acquis ou non appris) entérine une conception trop figée, trop passive et centrée sur l'adulte de cet être en développement qu'est le bébé.

1. Keil [1994].
2. Ce biais semble possédé également par les grands singes et pourrait constituer un héritage des primates ; Natale et Antinucci [1989] ; Tomasello [2019].

BIBLIOGRAPHIE

Allen J. W. et M. H. Bickhard, 2013. « Stepping off the pendulum: Why only an action-based approach can transcend the nativist-empiricist debate », *Cognitive Development* 28, 2, p. 96-133.

Arias-Trejo N. et K. Plunkett, 2009. « Lexical-semantic priming effects during infancy », *Philosophical Transactions of the Royal Society B: Biological Sciences* 364, 1536, p. 3633-3647.

Baillargeon R., E. S. Spelke et S. Wasserman, 1985. « Object permanence in five-month-old infants », *Cognition* 20, p. 191-208.

Baillargeon R. et M. Graber, 1987. « Where's the rabbit? 5.5-month-old infants' representation of the height of a hidden object », *Cognitive Development* 2, 4, p. 375-392.

Baillargeon R., 1987. « Object permanence in 3½-and 4½-month-old infants », *Developmental psychology* 23, 5, p. 655.

Boyd R. et P. J. Richerson, 2006. « Solving the puzzle of human cooperation », *Evolution and culture*, p. 105-132.

Descartes R., 1897-1913. *Œuvres*, Charles Adam et Paul Tannery (éd.), Leopold, vol. X.

Collomb N., 2019. « Les observations des bébés : un défi méthodologique et épistémologique », *L'Autre* 20, 3, p. 252-262.

Eimas P. D., E. R. Siqueland, P. Jusczyk et J. Vigorito, 1971. Speech perception in infants, *Science* 171, 3968, p. 303-306.

Edelman G., 2000. *Biologie de la conscience*, Paris, Odile Jacob, trad. A. Gerschenfeld.

Fischer K. et L. Silver, 1985. « Stages and individual differences in cognitive development », *Ann. Rev. Psycho* 36, p. 613-648.

Fischer K. et T. Bidell, 1991. « Constraints nativist inferences about cognitive capacities », *in* S. Carey & R. Gelman (éd.), *The Epigenesis of Mind. Essays on Biology and Cognition*, Lawrence Erlbaum Associates, p. 199-235.

Golse B., 2010. *Les destins du développement chez l'enfant*, Paris, Erès.

— 2019. « La situation anthropologique fondamentale au regard de la néoténie », *L'Autre, Cliniques, cultures et sociétés* 20, 3.

GOULD S. J., 1977. *Ontogeny and phylogeny*, Boston Mass., Harvard University Press.

HESPOS S. J. et R. BAILLARGEON, 2006. « Decalage in infants' knowledge about occlusion and containment events: Converging evidence from action tasks », *Cognition* 99, 2, B31-B41.

KEIL F., 1994. « The birth and nurturance of concepts by domains: The origins of concepts of living things », *in* L. Hirschfeld et S. Gelman (éd.), *Mapping the mind: Domain specificity in cognition and culture*, New York, Cambridge University Press, p. 234-254.

KELLMAN P. J. et E. S. SPELKE, 1983. « Perception of partly occluded objects in infancy », *Cognitive psychology* 15, 4, p. 483-524.

LECUYER R., 2014. *La construction des premières connaissances*, Paris, Dunod.

LECUYER R. et K. DURAND, 2012. « Aux sources de la connaissance. L'état du débat constructivisme/nativisme chez le très jeune enfant », *Devenir, Revue européenne du développement de l'enfant* 24, 3, Éditions Médecine et Hygiène, p. 181-214.

LÉCUYER R. et C. POIRIER, 1994. « Categorization of geometric figures composed of four elements by 5.5-month-old infants », *Cahiers de Psychologie Cognitive* 13, 4, p. 493-509.

LOCKE J., 1690. *Essai sur l'entendement humain*, 2 tomes, Paris, Vrin, trad. J-M Vienne, 2001 et 2006.

MOLINA M. et F. JOUEN, 2014. « Les compétences précoces des nourrissons : réalité ou illusion d'un point de départ », *Enfance* 3, p. 263-281.

OYAMA S., P. GRIFFITHS et R. GRAY R., 2001. *Cycles of contingency. Developmental systems and evolution*, Londres, MIT Press.

PIAGET J., 1936. *La naissance de l'intelligence chez l'Enfant*, Neuchatel, Delachaux et Niestlé.

— 1937. *La construction du réel chez l'enfant*, Neuchatel, Delachaux et Niestlé

Piterbraut-Merx D., 2019. « Des dérives d'un usage métaphorique de l'enfance », *Le Télémaque* 56, p. 57-69.

Pradeu T., L. Laplane, K. Prévot, T. Hoquet, V. Reynaud, G. Fusco et M. Vervoort, 2016. « Defining "development" », *Current topics in developmental biology* 117, p. 171-183.

Quentel J.-C., 1997. « De l'adultocentrisme à la déconstruction », *in* J.-C. Quentel (dir.), L'*enfant. Problèmes de genèse et d'histoire*, Bruxelles, De Boeck Université, p. 57-79.

Rochat P., 2006. *Le monde des bébés*, Paris, Odile Jacob.

Slater A. et V. Morison, 1985. « Shape constancy and slant perception at birth », *Perception* 14, 3, p. 337-344.

Schaal B, N. Goubet et M. Delaunay-El Allam, 2011. « Concordances et discordances entre sensorialité et écologie néonatales : attentes sensorielles et réponses adaptatives chez l'enfant prématuré », *in* D. Meller (éd.), *Le développement de l'enfant né prématuré*, Marseille, Solal.

Spelke E., K. Breinlinger et K. Jacobson, 1992. « Origins of knowledge », *Psychological Review* 99, 4, p. 605-632.

Spelke E., 1994. « Initial knowledge: six suggestions », *Cognition* 50, p. 431-445.

— 1998. « Nativism, empiricism, and the origins of knowledge », *Infant Behavior and Development* 21, 2, p. 181-200.

Tomasello M., 2019. *Becoming Human: A Theory of Ontogeny*, Cambridge, Mass., Harvard University Press.

Waddington C., 1956. « Genetic assimilation of the bithorax phenotype », *International Journal of Organic Evolution* 10, p. 1-13.

Winnicott D. W., 1947. « Le bébé en tant que personne », *in L'enfant et le monde extérieur. Le développement des relations*, Paris, Payot.

IV

AVONS-NOUS UN SENS *INNÉ* DU BIEN ET DU MAL?

> « Si l'on essaie de découvrir ce qu'est pour les Iks un "homme bon", *iakw anamarang*, en espérant s'entendre répondre qu'un homme bon est un homme qui aide un autre à manger, on obtient une réponse typiquement ikienne : un homme bon est un homme qui a l'estomac rempli. »
>
> TURNBULL, *Un peuple de fauves*, 1973, p. 126

> « *Anthropocentric moral facts are not the kind that most lay people want; they want murder, slavery, and the veiling of women to be wrong with no footnotes about emergent social facts.* »
>
> HAIDT et KESEBIR, 2007

Les conceptions du bien et du mal à travers les sociétés humaines sont multiples. Les anthropologues et les historiens ont montré qu'en fonction de l'endroit et de l'époque, les humains peuvent approuver et pratiquer la torture, l'esclavage, la polygamie, la lapidation, le cannibalisme, l'infanticide, etc., autant de comportements jugés moralement *mauvais*. Pour citer un exemple extrême, l'ethnologue Colin Turnbull décrit les Iks[1] comme des égoïstes forcenés, refusant toutes formes de partage, allant jusqu'à empêcher leurs propres parents de se nourrir et chasser du foyer leurs propres enfants ! Les Iks survivraient grâce à leur cruauté et à leur individualisme exacerbé.

À l'inverse, les humains peuvent aussi adopter des comportements moralement *bons* et mettre en place des règles prônant la bienveillance, le respect des autres, de la nature et du vivant. L'ethnologue Evans-Pritchard décrit ainsi dans les années 1930 la société des Nuer[2] comme une société anarchiste, harmonieuse et pacifique[3]. Les Nuer se nourrissent de leur bétail et cultivent le millet. Ils pêchent durant la saison des pluies, mais ne chassent jamais pour se nourrir. Ils pratiquent la solidarité et le partage de la nourriture (même pendant la saison sèche). Ils sont dépourvus de lois. Les différends se règlent en faisant appel à un « chef à peau de léopard », considéré comme neutre, qui joue le rôle de médiateur[4].

Ainsi, les pratiques culturelles et les règles morales sont extrêmement variées et peuvent même se contredire les unes les autres[5]. Le relativisme moral et culturel est un fait.

---

1. Il s'agit d'une ethnie vivant en Ouganda. Turnbull [1973].
2. Les Nuer sont une population d'Afrique de l'Est, vivant principalement au Soudan du Sud et en Éthiopie. Ils sont en réalité composés de différentes tribus segmentées en sections (Lou, Jirany, Gaawar, Lak, Thiang, etc.).
3. Ils ont été depuis persécutés et regroupés dans des camps.
4. Evans-Pritchard [1940, p. 85 et p. 162-163]. Un homme qui se fait voler une vache peut ainsi demander à un chef à peau de léopard de l'accompagner pour la récupérer.
5. Il existe un débat en anthropologie sur la question de savoir s'il existe réellement des invariants culturels. En témoigne l'exemple privilégié par Lévi-Strauss [1947, p. 10-13], la prohibition de l'inceste. Son universalité ne peut être affirmée qu'à condition d'en avoir une acception variable selon les cultures, c'est-à-dire une définition suffisamment large pour être capable de prendre en compte des sociétés comme l'Iran zoroastrien

Comme le dit l'anthropologue Philippe Descola : « Rien ne permet de hiérarchiser les cultures selon une échelle morale ou une série diachronique[1]. »

Face à ce constat une question se pose néanmoins : le relativisme moral et culturel met-il en péril l'existence de la morale universelle ? Si les valeurs et les normes morales sont relatives au contexte dans lequel elles émergent, il semble en effet impossible de juger certaines pratiques comme bonnes ou mauvaises « en soi », c'est-à-dire indépendamment de tout contexte, indépendamment de la culture et de l'époque qui les ont vu naître et qui les perpétuent. Or, certains actes – la violence, la torture ou le meurtre, d'une part, l'entraide, la générosité ou l'altruisme, d'autre part – ne sont-ils pas blâmables ou louables « en soi », quelles que soient les circonstances ? Ce jugement semble bien universellement partagé : même l'homme le plus vil ne paraît pas dépourvu de cette sagacité morale naturelle. S'il l'est, nous le jugeons inapte à vivre en société ou ne méritant pas d'appartenir à l'humanité.

On peut même aller plus loin en soulignant avec Lévi-Strauss[2] le paradoxe du relativisme moral et culturel : s'il est légitime que toutes les cultures aient un égal droit à l'existence, reconnaître les différences culturelles ne doit pas signifier qu'elles sont incommensurables, ce qui justifierait alors, par un mouvement de repli sur soi, la supériorité de sa propre culture sur les autres. Le relativisme moral et culturel se retournerait, le cas échéant, en son contraire, l'ethnocentrisme, cette attitude qui consiste à considérer sa propre

---

ou l'Égypte gréco-romaine (au sein desquelles l'inceste au sens courant du terme était pratiqué).

1. Descola [2005, p. 143].

2. Lévi-Strauss [1987 ; 1952].

culture comme étant la meilleure et à l'aune de laquelle il convient de juger toutes les autres.

Pour toutes ces raisons, l'hypothèse d'un sens *inné* du bien et du mal chez l'être humain apparaît séduisante : elle permettrait en effet de ne pas renoncer à l'universalité des jugements (et donc d'échapper à l'ethnocentrisme) tout en faisant place à la diversité culturelle : les humains auraient des intuitions morales *innées* et s'accorderaient ainsi sur des valeurs morales fondamentales, tout en divergeant sur la façon dont on peut dériver à partir d'elles d'autres valeurs et normes morales (et notamment sur les actes qui permettent de concrètement les respecter).

Mais une telle hypothèse est-elle recevable ? Peut-on montrer qu'il existe un instinct moral humain universel ? Une disposition *innée* dédiée à la morale ? Peut-on affirmer qu'il existe dans la nature humaine certains principes *innés* qui poussent l'humain à être affecté de manière gratuite et désintéressée par le malheur d'autrui ?

BON « POUR SOI-MÊME », BON « POUR LA SOCIÉTÉ », BON « EN SOI »

D'où viennent les valeurs (et les normes[1]) relatives au bien et au mal qui fondent les jugements moraux et servent de règles à notre conduite ? Le mot « morale » vient du latin *mores* qui désigne les mœurs, renvoyant ainsi à un ensemble de

1. Même si les philosophes distinguent en général les appréciations basées sur les *valeurs* (le bien, le mal) et les jugements basés sur les *normes* prescriptives (ce que l'on doit faire ou interdire), les rapports entre les deux sont loin d'être clairs : certains y voient une indépendance, d'autres une hiérarchie.

comportements, d'habitudes, de traditions[1]. Les jugements et règles de conduites sont donc avant tout dictés par des valeurs (et des normes) socio-culturelles, conventionnelles et relatives à l'endroit et à l'époque où elles apparaissent. À la fois contingent et historiquement déterminé, tout jugement moral serait toujours tributaire de la culture dont il est issu. Dès lors, la morale comprise uniquement comme mœurs revient à juger *bonne* toute pratique habituelle ou traditionnelle et *bon* tout ce qui est imposé en vertu de l'endroit et de l'époque où l'on vit et qui modèle la vie des hommes. Cela signifie-t-il qu'on ne pourrait plus juger la moralité de certaines pratiques au nom d'un critère absolu du bien et du mal qui transcenderait les différentes sociétés, cultures et époques ? Au nom de quelles valeurs pourrait-on alors disqualifier de façon ferme et définitive certains actes ou événements comme inhumains, monstrueux, ou barbares, comme on le fait pour les génocides ou l'excision ?

Il est bien évident que ce n'est pas parce qu'une pratique est ordinaire et qu'elle s'inscrit dans une longue tradition qu'elle est nécessairement bonne d'un point de vue moral. Par exemple, ce n'est pas parce que la déforestation intensive est perpétrée depuis des décennies par le monde occidental qu'on doit pour autant en faire une action vertueuse. Cette attitude dévastatrice vient d'ailleurs violemment heurter le respect que certaines cultures témoignent envers la nature[2]. Dans ces autres

1. On trouve plus facilement aujourd'hui le terme d'*éthique*, vu comme davantage compatible avec le pluralisme axiologique. Il a néanmoins la même signification étymologique que le terme de *morale* : *ethos* en grec signifie « mœurs », ensemble des comportements, habitudes, traditions.
2. Il existe ainsi de « vastes systèmes de rites et de croyances qui peuvent nous apparaître comme des superstitions ridicules, mais qui ont pour effet de conserver le groupe humain en équilibre avec le milieu naturel » ; Lévi-Strauss [1983, p. 34-35].

systèmes de croyances, une plante est « tenue pour un être respectable qu'on ne cueille pas sans motif légitime, et sans avoir au préalable apaisé son esprit par des offrandes[1] ». Ainsi, l'attitude de domination vis-à-vis de la nature et le saccage qu'elle autorise sont jugés mauvais *pour* la philosophie indigène dont parle Lévi-Strauss. Mais ne pourrait-on pas penser qu'ils devraient être jugés mauvais *en soi* ?

La morale ne saurait se réduire à un simple conformisme aux règles existantes et aux usages d'un pays. Elle fait référence non pas seulement à ce qui est bon *pour moi* ou bon *pour une culture ou une société*, mais à ce qui est bon *en soi*. L'action désintéressée est alors vue comme le parangon de l'action morale : saint Martin, en donnant la moitié de son manteau à un pauvre grelottant de froid, fait un acte bon *en soi*. Il n'agit pas selon *son bien* égoïste.

Mais comment définir le bien *en soi* et le mal *en soi* ? Sur quels fondements peuvent reposer nos appréciations et nos jugements moraux ? Une réponse classique en philosophie morale consiste à dire que les valeurs morales ne peuvent être dérivées des faits[2]. Autrement dit, l'existence factuelle de certains actes, de certaines pratiques ou de certaines règles ne peut *rien* dire sur leur caractère moral au sens fort du terme. Il y aurait ainsi, d'une part, le domaine des faits (les actes singuliers et les règles socio-culturelles, *morales* au sens uniquement étymologique, qui viennent juger les actes singuliers, mais dont l'existence reste dépendante du contexte) et, d'autre part, le domaine des valeurs « en soi » (inconditionnelles, indépendantes du contexte) qui permettent tout à la fois de juger les actes comme les valeurs socio-culturelles et qui constituent la *morale* universelle.

---

1. Lévi-Strauss [1983].
2. On trouve cette idée chez Hume.

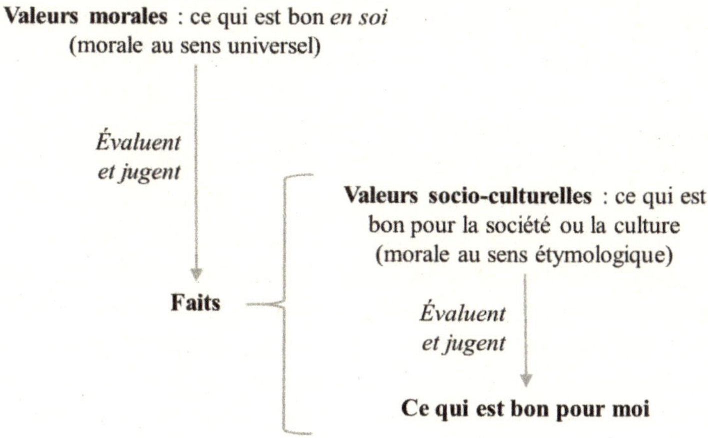

La distinction entre les faits et les valeurs.

L'*INNÉ* COMME GARANT DE LA MORALE UNIVERSELLE

Si les valeurs *en soi* ne peuvent provenir des faits, sur quoi peut-on les fonder ? Il est alors aisé d'en conclure qu'elles sont évidentes par elles-mêmes. On comprend pourquoi certains penseurs convoquent l'*inné*. Si les valeurs en soi sont *innées*, la confusion entre faits et valeurs peut être évitée : les valeurs morales n'ont plus à être dérivées des faits (des actes ou des mœurs) puisqu'elles seraient déjà inscrites dans l'esprit humain. Pour toute une tradition de philosophes, la morale universelle est « sauvée » grâce à la faculté *innée* d'intuition du bien ou du mal[1], véritable instinct moral[2] ou

1. Cette thèse est défendue par ceux que l'on nomme « les platoniciens de Cambridge » (Cudworth, Clarke au XVIIe siècle ; Balgy et Price au XVIIIe siècle).
2. Shaftesbury [2002, p. 583].

sens moral *inné*[1]. L'humain possèderait une instance naturelle d'approbation et de désapprobation morale des actions. Selon les versions de cette thèse, l'homme saurait naturellement ce qu'est le bien et ce qu'est le mal, sans pour autant pouvoir l'exprimer clairement, comme une connaissance d'un genre supérieur ; ou il serait naturellement sensible au bien et au mal comme à la lumière ou à la couleur[2].

Selon cette perspective, si tous les systèmes moraux existants divergent entre eux, ils devraient dans l'idéal coïncider s'ils étaient tous conformes à l'intuition du bien. C'est ce que pense Platon pour qui « nul ne fait le mal volontairement[3] ». Autrement dit, si l'on agit mal, c'est que l'on se trompe sur la nature du bien. Si la culture occidentale (à l'instar d'autres cultures dans l'histoire[4]) considère que la déforestation intensive est une bonne chose, c'est qu'elle se méprend sur ce qui est bon *en soi*. Elle considère *bon* ce qui est simplement conforme à ses mœurs et valorise ses intérêts. Pour l'innéisme moral des XVIIe et XVIIIe siècles, l'*inné* permet de garantir la morale en témoignant d'un ordre supérieur : c'est Dieu[5] ou l'harmonie naturelle[6] qui ont conçu l'être humain comme naturellement doté de discernement moral.

---

1. La querelle du « sens moral » est un épisode important de l'histoire de la philosophie morale en Angleterre et en Écosse aux XVIIe et XVIIIe siècles. Les défenseurs du sens moral sont successivement Shaftesbury, Hutcheson, Hume et Smith.
2. Pour Shaftesbury, premier défenseur du sens moral, ce dernier est à la fois sensible et rationnel, et sa fonction est à la fois d'évaluation et d'obligation.
3. Platon, *Protagoras* [1997, 352c].
4. Diamond [2009].
5. Chez Cudworth et Clarke, par exemple, mais aussi chez Descartes. Voir Reynaud [2018].
6. Chez Shaftesbury, le bien a un fondement naturel (non conventionnel et non arbitraire) et s'inscrit dans un ordre cosmique harmonieux.

Si les références à Dieu ou à l'harmonie naturelle sont aujourd'hui dépassées, l'innéisme moral n'a pas disparu pour autant. Les défenseurs contemporains de cette thèse attribuent à l'esprit humain un module *inné* de la morale, c'est-à-dire un mécanisme spécifique dédié à la morale dont la nature exacte, la spécialité et la plasticité varient en fonction des auteurs. Pour Haidt, par exemple, l'être humain est doté d'intuitions *innées* conçues comme des flashs affectifs qui inclineraient à approuver ou à désapprouver un comportement. Ces flashs affectifs sont des sentiments *innés* auxquels nous ne pourrions pas résister, qui s'imposent à nous mais que nous pourrions améliorer en les exerçant. Selon Haidt et Joseph [2007], il existe ainsi (au moins) cinq classes d'intuitions *innées* qui ont un contenu organisé à l'avance, avant l'expérience. Celles-ci sont des systèmes perceptifs *innés* façonnés pendant l'évolution de l'espèce de façon à rendre les humains sensibles émotionnellement à certaines situations de la vie sociale.

Préjudice / Soin *(harm/care)*
Équité / Réciprocité *(fairness/reciprocity)*
Autorité / Respect *(authority/respect)*
Appartenance à un groupe / Loyauté *(in-group/loyalty)*
Pureté / Caractère sacré *(purity/sanctity)*

Les cinq intuitions innées (HAIDT et JOSEPH, 2004).
Liste considérée par les auteurs comme non exhaustive. Voir HAIDT, 2012.

Pour ces auteurs, l'*inné* permet de préserver l'universalité de la morale, car l'inscription des valeurs morales dans l'esprit humain en garantit le caractère désintéressé, indépendant du jeu des intérêts privés.

LA NON-NUISANCE À AUTRUI : UNE VALEUR MORALE *INNÉE*?

Selon l'innéisme moral, l'hypothèse de la morale *innée* présente aussi l'avantage de prendre en compte la diversité empirique des conceptions du bien et du mal. Ne pouvant s'exprimer en mots, les intuitions *innées* se situent en effet en deçà du langage. Elles précèdent le raisonnement et orientent les jugements moraux tout en étant susceptibles d'être modifiées par l'éducation, la culture, l'environnement. Elles font alors l'objet d'interprétations différentes en fonction du contexte. Autrement dit, nous aurions tous un sens *inné* du bien et du mal, mais nous en ferions, en tant qu'individus baignant dans une culture particulière, des interprétations ou des applications concrètes divergentes.

Par exemple, la réticence ou l'aversion à causer du mal ou de la souffrance à autrui peut être vue comme une valeur morale *innée*. Il n'en reste pas moins vrai que, dans les faits, la question se pose de savoir quelles valeurs, quelles normes et quels actes permettent réellement de ne pas causer du mal ou de la souffrance à autrui. S'il est évident que les génocides génèrent beaucoup de mal et de souffrance, d'autres cas semblent plus difficiles à juger. Les mères porteuses et la prostitution, par exemple, soulèvent des questions délicates : avoir recours à une mère porteuse cause-t-il de la souffrance à autrui ? Le principe de non-nuisance s'applique-t-il à soi-même ? Celui qui consent à vendre son corps accomplit-il un acte barbare envers lui-même et donc moralement condamnable ? Vendre son corps peut-il être un acte délibéré, c'est-à-dire voulu rationnellement par une conscience éclairée et réfléchie, ou est-il nécessairement – comme le pensait le philosophe Kant – un acte imposé par les circonstances qui révèle l'aliénation de son auteur ? Faut-il punir un tel acte, le réglementer ? Un pays qui a décidé qu'il le fallait est-il en droit d'exiger des autres pays la même attitude ? En outre, la non-nuisance dont il est question ne concerne-t-elle que les êtres humains ? Faut-il considérer que l'on ne cause aucun mal lorsqu'on pratique la déforestation intensive ? Est-ce dans l'humain seul « que réside le parangon de la dignité morale dont les autres existants sont dépourvus[1] » ? La dignité humaine peut-elle justifier la « subordination des non-humains aux décrets d'une humanité impériale » ? Certaines plantes et certains animaux ne pourraient-ils pas jouir des mêmes capacités morales que les humains comme le considèrent les Chewong[2] (une ethnie de l'État du Pahang) ?

Selon l'innéisme moral, la diversité ne serait qu'apparente. Les divergences entre les cultures ou les individus ne seraient pas dues à des croyances diverses, mais à une pratique et à un niveau de respect des croyances qui seraient différents. Les innéistes peuvent alors réinterpréter le cas des Iks : ce sont les conditions de précarité extrême dans lesquelles ils vivent qui les incitent à un individualisme forcené. La misère dans laquelle les Iks se sont trouvés après avoir été expulsés de leur terre serait alors responsable de la montée en puissance de leur égoïsme[3]. Les principes moraux universels seraient donc saufs !

---

1. Descola [2005, p. 443].
2. Descola [2005, p. 56].
3. Les Iks ont en effet été chassés de leur territoire de chasse ancestral du Nord-Est de l'Ouganda par la création d'un Parc national, et confinés dans les montagnes qui séparent l'Ouganda du Soudan et du Kenya. Cette interprétation ne correspond cependant pas à celle de Turnbull [1973, p. 289 et p. 291]. Selon lui, l'exemple des Iks montre que les valeurs morales ne font pas partie de la nature humaine. Ce qui leur est arrivé laisse ainsi présager ce qui nous attend tous, comme conséquence de l'individualisme fanatique encouragé par ce qu'il est convenu d'appeler le « progrès ».

L'*INNÉ*, ORIGINE OU FONDEMENT?

On peut néanmoins émettre une première réserve : si le sens moral est suffisamment plastique pour pouvoir être influencé socialement, quels sont les bénéfices de l'hypothèse innéiste ? Celle-ci apparaît comme une hypothèse « passe-partout », capable d'« expliquer n'importe quoi : aussi bien une situation que son contraire[1] ». C'est déjà l'une des critiques que fait le philosophe Locke à la fin du XVIIIe siècle à propos de l'*inné* : n'importe quelle valeur est susceptible d'être *innée* si on considère que des circonstances différentes créent un pluralisme moral. Comment alors faire la différence entre les valeurs *innées* et celles qui ne le sont pas si leur expression dépend toujours du contexte ? Le recours à l'*inné* semble nous mettre face à un choix problématique : qualifier d'*innées* toutes les valeurs, quelles qu'elles soient ; ou bien choisir (arbitrairement ?) celles qui sont *innées* et celles qui ne le sont pas. Dans ce dernier cas, il y a donc un risque d'arbitraire : on croit pouvoir justifier les valeurs morales en disant qu'elles sont *innées*. L'*inné* n'a pourtant rien à voir avec la justification. Qu'une idée soit *innée* ne saurait garantir sa vérité, sauf à supposer un ordre supérieur qui en soit le garant – comme chez Descartes où Dieu institue la vérité en même temps qu'il l'inscrit en nous. Il est possible que nous naissions avec plein d'idées fausses ou simplement approximatives ! D'un point de vue évolutif, des idées fausses peuvent être avantageuses pour la survie et la reproduction. Par exemple, les rats ont une préférence *innée* pour la douceur des aliments et une aversion *innée* pour leur amertume. Or cette préférence n'est pas un gage systématique de succès : toutes

1. Lévi-Strauss [1983, p. 56].

les choses amères ne sont pas toxiques et toutes les choses douces ne sont pas nutritives[1].

Apparaît ici un point primordial à propos de l'*inné* : ce terme rassemble et confond en lui l'origine et le fondement, l'histoire et la logique, la psychologie et l'épistémologie. Et c'est souvent pour des raisons fondationnalistes, logiques ou épistémologiques, qu'il est mobilisé alors qu'il n'est censé au départ concerner que l'origine temporelle de certaines capacités, l'histoire et la psychologie individuelles[2] et non pas le fondement, la logique et l'épistémologie. Cette confusion entre l'origine et le fondement qu'autorise l'*inné* est justement selon Locke ce qui fait que l'on peut donner aux intuitions *innées* un contenu arbitraire[3]. Parce qu'elles sont injustifiables, celles-ci peuvent alors être instrumentalisées au service d'une idéologie. On confond alors les valeurs morales avec de simples approbations subjectives ou relatives à un contexte socio-culturel. On retrouve le sens idéologique de l'*inné* mis en évidence dans le chapitre I. L'*inné* se fait alors le refuge de l'obscurantisme moral. Il permettrait d'ériger en bien moral transcendant et universel un bien uniquement relatif à une culture ou à une idéologie. Selon Nietzsche, toute morale qui se prétend universelle s'arroge abusivement la propriété du bien *en soi*. Elle transforme alors des intérêts propres (subjectifs ou collectifs) en lois, devoirs et règles absolues. Toute morale ne peut être au contraire,

---

1. GALLISTEL [1991].
2. COWIE [1999].
3. C'est à l'occasion d'une telle critique au début du XVIIIe siècle que le mot *inné* est apparu en français, dans la traduction française de l'ouvrage de Locke, *Essai sur l'entendement humain*.

selon lui, qu'un processus évolutif soumis aux fluctuations de l'histoire. Elle se ramène donc aux mœurs[1].

TESTER NOS INTUITIONS MORALES

Pour les innéistes, au contraire, le recours à l'*inné* permet de naturaliser la morale, en l'étudiant scientifiquement comme un phénomène naturel. Ils vont alors chercher à prouver l'existence des intuitions morales *innées* en faisant appel à la philosophie expérimentale, qui imagine des situations fictives, souvent extrêmes (impossibles à réaliser pour des raisons physiques ou éthiques), afin de tester les jugements spontanés des individus. La question principale que la philosophie expérimentale pose est la suivante : dans quelles conditions exceptionnelles trouve-t-on moralement acceptable de tuer ?

Une des expériences de pensée les plus célèbres consiste à imaginer un tramway vide et incontrôlable qui fonce sur une voie sur laquelle travaillent cinq traminots[2]. À partir de là, plusieurs situations sont imaginées. Nous en citerons deux. Dans le premier scénario, il est possible pour un observateur extérieur de détourner le tramway à l'aide d'un levier vers une voie où il n'y a qu'un seul traminot. Dans le second, le témoin de la scène se situe sur un pont au-dessus de la voie et pourrait pousser sur celle-ci, juste devant le tramway, une personne volumineuse passant par là, ceci suffisant à stopper le moyen de transport. Dans les deux cas, il s'agit de tester nos intuitions sur la possibilité de « sacrifier » une personne pour en sauver cinq.

---

1. Nietzsche, *Aurore* [1881, § 9].
2. Voir, par exemple, Hauser, Cushman, Young, Kang-Xing et Mikhail [2007]. Pour une analyse en français, Voir Ogien [2011] et Lepine [2016].

Les résultats de cette enquête menée sur 5 000 personnes issues de 120 pays différents semblent univoques : la majorité des participants accepte le sacrifice dans le premier cas et le refuse dans le second. Voici ce qu'il est alors possible de conclure : l'être humain est sensible au degré d'engagement personnel dans l'action. La mort d'un traminot pour en sauver cinq apparaît plus tolérable lorsqu'elle est la conséquence d'une action impersonnelle (actionner un levier) plutôt que lorsqu'elle nécessite un engagement personnel important (pousser un individu). Autrement dit : les intuitions morales semblent bien stables et universelles !

En outre, ces dernières semblent coexister avec des interprétations ou des justifications divergentes. Les personnes interrogées restent en effet incapables de justifier leurs réponses de façon pertinente et cohérente. Elles ne se réfèrent pas aux traits saillants comme « agir personnellement ou non » et fournissent des réponses mobilisant des principes contradictoires. Les innéistes concluent ainsi de cette expérience que les humains ont développé une aversion intuitive *innée* à tuer des gens innocents.

Mais aussi séduisante qu'elle puisse paraître, cette expérimentation ne permet pas de tirer des conclusions sur la morale *innée*, et ce pour deux raisons.

La première raison est que la stabilité et l'universalité des intuitions peuvent n'être que des effets de l'expérience. En effet, les personnages, que les participants doivent décider de sauver, de laisser mourir, voire de tuer, sont anonymes, déshumanisés et interchangeables. On peut imaginer que les résultats seraient profondément modifiés si on donnait un visage à ces personnages, par exemple en identifiant le traminot isolé à un fils dans le premier scénario et la personne volumineuse à un nazi convaincu dans le second[1]. En outre, la présentation des différents scenarii énumère des options qui sont prédéfinies à l'avance. On peut penser en revanche que les appréciations et les jugements moraux visent précisément à établir les différentes possibilités qui s'offrent à nous dans une situation délicate[2]. Enfin, bien que désincarné, ce dilemme propose une situation très engageante émotionnellement (puisqu'il s'agit de sauver ou de sacrifier des vies humaines) qui n'épuise pas toutes les situations concernées par la morale. Des chercheurs ont pu ainsi montrer que les réponses des participants sont susceptibles de varier en fonction de leur état émotionnel[3].

Le second point critique porte sur l'association entre *inné* et universel ou spontané. La stabilité et l'universalité des intuitions – si tant est qu'elles existent – impliquent-elles que ces dernières soient *innées* ? On peut toujours imaginer que les intuitions morales communes ne soient pas *innées* (au sens où leur contenu serait déjà constitué avant toute expérience), mais bien inculquées par l'exposition à des éléments communs à travers les différents contextes, et ce dès le plus jeune âge. Pour exemple, il se pourrait fort bien que la condamnation morale du meurtre soit si essentielle au vivre ensemble qu'elle soit transmise par les différentes sociétés humaines et que les humains l'intériorisent. On aurait donc assimilé une dépréciation et/ou une interdiction *sociale* au point d'en faire une conviction *morale* et même une intuition morale *innée*. Celle-ci ne serait en réalité qu'une condition nécessaire du

1. Ogien [2011].

2. Critiques faites par Appiah, cité *in* Pava [2009, p. 391-401].

3. Selon Valdesolo et Desteno [2006], les participants qui avaient regardé un show télévisé humoristique avant l'expérience étaient plus enclins à accepter de pousser une personne d'un pont.

vivre ensemble et correspondrait donc à un invariant dans les environnements socio-culturels humains. Le meurtre ne serait pas mauvais *en soi*, mais relativement aux sociétés humaines. Cette intuition que le meurtre est un mal absolu ou qu'il doit être condamné moralement ne pourrait alors être que la cristallisation de la crainte que l'humain a vis-à-vis de ses semblables et du désir de rendre ces derniers « dociles » et « prévisibles », comme le pense Nietzsche. Cette intuition pourrait tout aussi bien être, au contraire, le signe de notre empathie ou de notre pitié. Ou encore un mélange de tout cela. Ce qui compte ici est qu'elle aurait des origines diverses, peut-être même hors de la morale (« extra-morales » pour reprendre le terme forgé par Nietzsche). Les intuitions morales ne seraient alors pas *innées* ; on les considèrerait *innées* pour se rassurer ou leur donner une apparence d'absoluité.

LA MORALE, UNE ADAPTATION BIOLOGIQUE ?

La théorie de l'évolution est également convoquée pour défendre l'hypothèse de la morale *innée*, ce qui permet selon certains de résoudre le « paradoxe de l'altruisme[1] ». Ce paradoxe fait de la morale une énigme pour l'évolution, dans un monde où règne une concurrence vitale entre individus. Si la sélection naturelle favorise les actes bénéfiques pour la survie et la reproduction individuelles, comment comprendre que des actes désintéressés, altruistes, moraux, puissent exister entre des individus non apparentés génétiquement ? L'hypothèse de la sélection de parentèle explique en effet pourquoi de tels actes peuvent être accomplis entre des individus

1. Clavien [2007].

partageant les mêmes gènes, comme tel est le cas dans les sociétés d'insectes[1]. Il est alors bénéfique d'un point de vue évolutif pour une ouvrière stérile de se sacrifier pour la colonie (que ce soit chez les fourmis, les abeilles ou les termites), dans la mesure où elle favorise de cette manière la reproduction et la transmission de ses propres gènes (dont elle partage les trois quarts avec ses congénères). Mais dans le cas d'individus étrangers les uns aux autres, les actes altruistes donneraient un avantage à celui qui en est le bénéficiaire et représenteraient un coût certain pour celui qui l'accomplit.

Certains chercheurs ont alors avancé l'hypothèse que l'altruisme a pu évoluer parce qu'il est bénéfique à l'individu, c'est-à-dire dans le cadre d'échanges réciproques entre individus appartenant à un même groupe. Selon eux, la morale facilite la coexistence avec autrui, la vie en groupe et la coopération[2]. Elle est vue comme une véritable adaptation biologique. Selon Cosmides et Tooby, l'évolution de la morale aurait nécessité la sélection d'un mécanisme *inné* spécifique pour détecter de façon rapide et automatique ceux qui ne sont pas dignes de confiance dans la coopération sociale, ceux qui acceptent le bénéfice d'un acte altruiste sans payer le coût de la réciprocité (les « tricheurs »). En effet, dans

---

1. Hamilton [1963]. Un termite est ainsi capable d'être kamikaze : il peut contracter violemment son abdomen et libérer un liquide toxique qui élimine son prédateur en même temps qu'il meurt. Le phénomène de la trophallaxie est un autre exemple de comportement altruiste : lorsqu'une fourmi frotte ses antennes contre l'abdomen d'une autre fourmi de sa colonie, celle-ci régurgite une partie de la nourriture que contient son jabot et peut ainsi la partager.
2. L'espèce humaine descend d'une longue lignée de primates qui ont existé en groupes sociaux pendant cinquante millions d'années et qui, depuis deux millions d'années, ont intensément développé leur capacité de collaboration ; Shultz *et al.* [2011].

une population d'altruistes, un tricheur possède à première vue la capacité de survivre et de se reproduire la plus élevée. Si cela est vrai, les tricheurs auraient dû augmenter en fréquence dans la population jusqu'à ce qu'il n'y ait plus d'actes altruistes, ce qui n'est pas le cas. Les humains seraient donc dotés d'un module *inné* servant à détecter les tricheurs, avec lesquels ils refusent de collaborer[1].

Cependant, on peut formuler une critique en s'inspirant de Susan McKinnon qui met au jour dans son ouvrage *La Génétique néo-libérale* le soubassement idéologique et ethnocentrique d'un tel scénario évolutif. Le récit proposé reflète en effet une vision cynique et égoïste de la nature humaine, à la base de l'économie néo-libérale du capitalisme occidental. Si l'altruisme est nécessairement réciproque, la morale devient un ensemble de calculs basés sur la conservation des gènes individuels[2]. Elle prendrait l'apparence de la socialité bienfaisante, mais serait en réalité l'expression de l'intérêt personnel le plus grossier[3]. Le module de détection des tricheurs fait de tout échange social un *contrat* et donc une situation dans laquelle un individu doit satisfaire une exigence qui lui extorque un coût pour recevoir de la société un bénéfice[4].

Cette conception entérine ainsi un rapport très particulier et conflictuel à l'altérité. Elle repose sur une vision très restreinte (et non universelle) de la parentalité, réservée aux individus partageant les mêmes gènes[5]. En outre, cette approche

---

1. Cosmides et Tooby [1992].
2. McKinnon [2005, p. 18-19].
3. Wright [1995].
4. Buller [2005].
5. Dans de nombreuses autres cultures (comme celle des Nuer cités par McKinnon), des étrangers (des individus non apparentés génétiquement) sont susceptibles d'être transformés en « parents » et naturellement dignes en ce sens d'attention, de bienveillance et de sollicitude.

contractualiste de la morale exclut nécessairement les plantes, les animaux, les machines, puisqu'on ne passe pas contrat avec eux[1]. Surtout, cette conception semble impliquer *in fine* le rejet du pluralisme moral. Elle présente la culture comme la somme de choix égoïstes opérés par des individus guidés par le désir de reconduire leurs gènes. Pourtant, elle implique paradoxalement un manque flagrant de choix, en dressant le portrait d'un monde dans lequel les hiérarchies sociales sont fixes, la créativité humaine annihilée, la diversité culturelle supprimée[2]. Une certaine version de l'innéisme moral contemporain serait ainsi secrètement prescriptive : en naturalisant une représentation culturelle particulière, elle proclame son universalité transculturelle et donc son inévitabilité[3].

Enfin, une dernière critique peut être faite qui concerne l'identification de l'*inné* à ce qui a évolué par sélection naturelle. Ce n'est pas parce que l'on constate aujourd'hui l'existence de certaines intuitions que l'on peut en conclure qu'elles sont produites par une faculté élaborée spécialement pour cela par l'évolution. Une adaptation biologique est une fonction recrutée par la sélection naturelle (dans le passé évolutif) pour ses avantages (la survie et la reproduction de son porteur) dans un environnement donné. Ainsi, l'occasion pour laquelle une fonction est sélectionnée ne saurait nous renseigner sur la nature de la faculté susceptible de remplir cette fonction. Il n'est donc pas du tout évident que la morale ait été une adaptation biologique. La morale pourrait résulter, encore une fois, de conditions extra-morales et n'avoir évolué que comme effet secondaire d'une adaptation. C'est

1. Descola [2005, p. 673].
2. McKinnon [2005, p. 152]. Cette vision restreint alors fortement les types de mondes sociaux que l'on peut imaginer.
3. McKinnon [2005, p. 144].

d'ailleurs ce que pense Darwin lui-même pour qui l'acquisition du sens moral repose sur deux conditions : la possession préalable d'instincts sociaux (commune aux animaux comme les comportements de coopération) et le développement complet des facultés intellectuelles (le langage en particulier).

POUR UNE GÉNÉALOGIE DES VALEURS MORALES[1]

L'exemple de la morale permet de confirmer que l'*inné* n'est jamais neutre. Pis, le recours à l'*inné* dans le cas de la morale a tendance à faciliter le dogmatisme, en prétendant être à la fois l'origine unique et le garant ultime des valeurs morales. L'existence d'un sens *inné* du bien et du mal donne alors l'impression fausse que les valeurs morales *en soi* préexistent et sont préétablies à priori – illusion qui permet de transformer une perspective particulière en une valeur universelle, assurant par là son emprise.

L'*inné* ne saurait garantir la distinction entre les valeurs morales *en soi* et les faits. On peut même considérer, à l'instar du philosophe Dewey, que la notion de valeurs morales « en soi » est « une contradiction dans les termes[2] ». Par définition, une valeur désigne ce à quoi nous tenons, ce à quoi nous accordons de l'importance et dont nous nous soucions. Toute valeur implique donc une relation à un être. En outre, les faits sont eux-mêmes porteurs de valeurs : j'accomplis factuellement par mes actions ce que j'estime bon *pour moi*, et ce que j'estime bon *pour moi* est déterminé sur la base de plusieurs systèmes de valeurs. Une question se pose dès lors : si les valeurs

1. Cette expression fait évidemment référence à l'ouvrage célèbre de Nietzsche, *La Généalogie de la morale*.
2. Dewey [2011, p. 110] le dit à propos de la « valeur intrinsèque ».

morales sont nécessairement *relationnelles*, doit-on renoncer pour autant à tout jugement de valeur commun et adhérer au relativisme ? Nous ne le pensons pas et ce pour deux raisons. D'une part, reconnaître l'ancrage des jugements de valeur dans un contexte relationnel (c'est-à-dire leur caractère nécessairement situé) permet d'échapper à l'ethnocentrisme. Il est possible et même nécessaire de mettre au jour les mécanismes qui mènent à l'imposition comme universelle d'une perspective particulière. Il importe ainsi de retracer la genèse des valeurs morales et en particulier de celles qui se prétendent *en soi*. D'autre part, si les véritables valeurs morales ne sont pas celles qui se présentent comme indiscutables à priori, ou inconditionnelles, elles ne peuvent émerger, comme toutes choses, que de façon locale et être les fruits d'accords toujours partiels et transitoires. Pour qu'elles aient une légitimité, elles doivent alors être *construites* en commun et non posées au préalable. C'est à cette condition qu'elles peuvent être transparentes quant à leur procédures[1] et respecter des contraintes qui ne sont pas réductibles aux intérêts subjectifs ou culturels. Elles doivent alors être pensées comme des « entreprises collectives d'un faire éthique ancrées de manière contingente[2] » dans un système de relations situées. Issues de la confrontation entre plusieurs perspectives, les valeurs morales ne peuvent être que des équilibres fragiles à construire et maintenir en commun et à négocier collectivement.

---

1. Pour la « théorie discursive de la morale » selon Habermas, c'est précisément la procédure qui permet de remédier au relativisme des valeurs en dégageant un horizon d'intérêts convergents, par-delà la diversité des systèmes de valeurs. Habermas [1992, p. 11].
2. Puig de la Bellacasa [2012, p. 87].

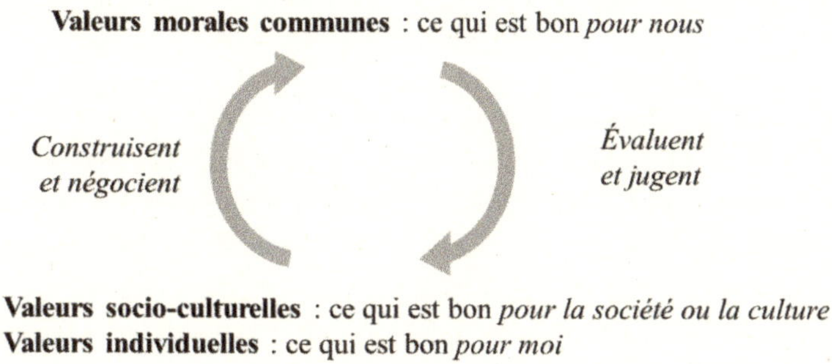

La construction en commun des valeurs.

Ainsi l'*inné*, s'il a un sens, ne saurait désigner un contenu à priori, déjà constitué et préexistant à l'expérience, sans quoi il est nécessairement arbitraire. Locke semble avoir raison lorsqu'il affirme que le seul moyen d'éviter l'idéologie en morale est de ne pas postuler une faculté *innée* dédiée à la morale. L'*inné* doit être compatible avec l'émergence des valeurs morales, sous leurs multiples formes, convoquant tout à la fois l'expérience, l'imagination, les émotions, la rationalité, le langage. Seules des enquêtes précises sur leur genèse permettront alors de dégager les conditions de leur émergence, dont on peut penser que l'*inné* fait partie.

Ce chapitre a indiqué à quel point les dérives idéologiques du terme *inné* sont persistantes et doivent être traquées avec vigilance, en particulier dans les considérations morales.

BIBLIOGRAPHIE

Buller D., 2005. *Adapting minds: Evolutionary Psychology and the Persistent Quest for Human Nature*, Cambridge, Mass., MIT Press.

Cosmides L. et J. Tooby, 1992. « Cognitive adaptations for social exchange », *in* Tooby *et al.* (éd.), *The adapted mind: Evolutionary psychology and the generation of culture* 163, p. 163-228.

Cowie F., 1999. *What's within?: Nativism reconsidered*, Oxford, Oxford University Press.

Clavien C., 2008. *L'éthique évolutionniste : de l'altruisme biologique à la morale*, Thèse de doctorat, université de Neuchâtel.

Descola P., 2005. *Par-delà nature et culture*, Paris, Gallimard, Essais Folio.

Dewey J., 2011. « Théorie de la valuation », *in La formation des valeurs*, Paris, La découverte.

Diamond J., 2009. *Effondrement*, Paris, Gallimard, Essais Folio.

Evans-Pritchard E. E., 1940. *The Nuer*, Oxford, The Clarendon Press.

Gallistel C., A. Brown et S. Carey, 1991. « Animal Learning for the Study of Cognitive Development », *in* Carey et Gelman (éd.), *The epigenesis of mind: Essays on biology and cognition*, Hillsdale, NJ. Erlbaum, p. 3-36.

Haidt J. et C. Joseph, 2007. « The moral mind: How 5 sets of innate moral intuitions guide the development of many culture-specific virtues, and perhaps even modules », *in* P. Carruthers, S. Laurence et S. Stich (éd.), *The Innate Mind*, vol. 3, New York, Oxford University Press, p. 367-391.

Hamilton W. D., 1963. « The evolution of altruistic behavior », *The American Naturalist* 97, 896, p. 354-356.

Lepine S., 2016. *Une défense du sentimentalisme. Émotions, motivations et valeurs*, Thèse de Doctorat, Université Lyon 3.

Lévi-Strauss C., 1947. *Les structures élémentaires de la parenté*, Paris, Plon.

— 1983. *Le regard éloigné*, Paris, Plon.

— 1987. *Race et histoire* (1952), Paris, Gallimard, Folio essais.

McKinnon S., 2005. *Neo-liberal genetics: The myths and moral tales of evolutionary psychology*, Chicago, Prickly Paradigm Press.

Nietzsche F., 1881. *Aurore. Pensées sur les préjugés moraux*, Paris, Flammarion, 2014.

Ogien R., 2011. *L'influence de l'odeur des croissants chauds sur la bonté morale*, Paris, Grasset.

Turnbull C., 1973. *Un peuple de fauves*, Paris, Stock.

Pava M. L., 2009. « The Exaggerated Moral Claims of Evolutionary Psychologists », *Journal of Business Ethics* 85, p. 391-401.

Platon, 1997. *Protagoras*, trad. F. Ildefonse, Paris, GF.

Shaftesbury R., *Œuvres*, Paris, Honoré Champion, 2002.

Valdesolo P. et D. DeSteno, 2006. « Manipulations of emotional context shape moral judgment », *Psychological Science-Cambridge* 17, 6, p. 476.

Wright R., 1995. *L'animal moral : psychologie évolutionniste et vie quotidienne*, Paris, Michalon.

V

QU'EST-CE QU'*INNÉ* VEUT DIRE ?

« Innateness should not be defined in terms of a rigid gene/environment dichotomy. »

ARIEW, 1996, p. 20

L'*inné* se présente comme la réponse à de nombreuses questions touchant la singularité des individus (pour justifier l'anomalie, l'étrangeté ou ce qui sort fatalement de la norme). Mais il prétend aussi répondre aux questions sur la normalité au sein de l'espèce pour expliquer le développement des capacités humaines universellement partagées. On le rencontre alors dans des discours aux statuts très différents. Parce qu'il prend toujours l'apparence d'un terme scientifique, il rend floues les frontières entre propos purement idéologiques et propos scientifiques. Faut-il dès lors renoncer à la notion d'*inné*[1] ? Plusieurs philosophes contemporains[2] défendent une telle position arguant que l'*inné* est un terme confus, recouvrant des propriétés trop hétérogènes pour avoir un usage scientifique.

1. REYNAUD [2010].
2. GRIFFITHS [2002] ; MAMELI et BATESON [2006] ; OYAMA [2000]. Voir aussi LEHRMAN [1953] ; ELMAN *et al.* [1996] ; GOTTLIEB [2001].

Dans le langage ordinaire, on oppose l'*inné* à l'*acquis*. L'*inné* désigne un ensemble de dispositions que l'individu hériterait des gènes de ses parents, lors de sa conception, qui seraient présentes dès la naissance et s'exprimeraient nécessairement chez lui, quelles que soient les circonstances. L'*acquis* serait au contraire issu de la rencontre hasardeuse et singulière avec l'environnement et posséderait une plasticité dont l'*inné* serait dépourvu. L'*inné* est ainsi spontanément placé du côté de l'endogène (ou des gènes), du naturel (ou du biologique), de l'immuable ; l'*acquis* du côté de l'exogène (ou de l'environnement), de l'artificiel (ou du culturel), du malléable. Mais cette conception commune a-t-elle un fondement scientifique ?

Inné	***Acquis***
Présent à la naissance	Apparu après la naissance
Génétique	Environnemental
Naturel ou biologique	Artificiel ou Culturel
Immuable	Changeant

*La vision commune de l'*inné.

Dans les débats abordés jusqu'alors, l'*inné* semble avoir un rôle à jouer dans l'explication des capacités humaines. Pourquoi certains êtres humains sont-ils des tueurs ? Pourquoi l'enfant apprend-il si bien et si vite à parler ? Pourquoi le bébé interagit-il avec le monde et les autres comme il le fait ? Pourquoi nos jugements moraux semblent-ils reposer sur des intuitions morales ? Réponse possible : parce que toutes ces compétences sont *innées* et que l'être humain en est capable *par nature* et *intrinsèquement*.

On a pu voir cependant que cette réponse n'est pas toujours satisfaisante. Elle peut même être faussement explicative, purement idéologique. L'usage de l'*inné* doit donc se faire prudemment : son sens heuristique ne semble garanti que s'il est explicitement adossé à une analyse rigoureuse (dont on peut débattre de la valeur explicative) et s'il invite à la confrontation entre différentes sciences[1]. Mais est-il possible d'en dire davantage sur la signification de l'*inné* ?

Le recours aux capacités *innées* de l'être humain suppose de pouvoir les distinguer des capacités *non innées*, ce qui paraît évident dans certains cas. La capacité à distinguer les couleurs, par exemple, semble bien *innée*, car elle repose sur des mécanismes biologiques conçus dans ce but ; l'aptitude à jouer au baseball, en revanche, semble bien *acquise* : elle dépend évidemment de certaines capacités biologiques comme celles de courir ou attraper des objets en mouvement, mais elle ne requiert probablement pas de mécanismes spécialement conçus pour le baseball[2] ! Les choses deviennent néanmoins plus complexes pour d'autres capacités, comme le langage, la perception physique des objets ou le sens moral dont le caractère *inné* fait débat. L'existence de ces débats s'explique en partie par l'absence d'unanimité concernant la définition de l'*inné*. Les expressions qu'on associe à ce dernier, en particulier celle de « capacité intrinsèque et présente dès le départ en l'individu », sont en effet susceptibles de recevoir plusieurs interprétations que ce chapitre va détailler, qui ne sont ni toujours explicites, ni pleinement partagées par les protagonistes de ces débats.

---

1. C'est ce qu'a suggéré le chapitre II.
2. PRINZ [2012].

L'INTERPRÉTATION LITTÉRALE DE L'*INNÉ*

L'interprétation littérale s'appuie sur l'étymologie du mot *inné*, en latin *in-natus*, signifiant littéralement *né dans*. Est *inné* ce qui est congénital, présent dès la naissance, *natif*. C'est le sens auquel les *nativistes* adhèrent : selon eux, plus l'apparition d'un trait est proche de la naissance, plus il a de chances d'être *inné*.

Or, ce sens de *l'inné* pose problème[1]. Même les *innéistes* n'y adhèrent pas complètement. D'une part, l'acquisition et l'apprentissage commencent bien *avant* la naissance, *in utero*. D'autre part, seules les compétences sensorielles sont *déjà* présentes à la naissance (le toucher, l'olfaction, la gustation, l'audition, la vision) et ce, à des degrés divers de développement et elles continueront à se développer après la naissance. La plupart des autres compétences humaines sont *acquises* au cours du développement de l'individu (au cours de l'ontogénie) et certaines sont même *apprises*. Le langage, par exemple, émerge au cours du développement de l'enfant et nécessite des années d'apprentissage, ce qui ne l'empêche pas d'être considéré par certains comme *inné* ! Même la précocité des compétences ne suffit pas à montrer avec certitude leur caractère *inné*. La « connaissance » des principes physiques – pourtant qualifiée d'*innée* par le nativisme – apparaît chez le nouveau-né après quelques mois d'existence et fait donc l'objet d'une acquisition, voire, selon certains, d'un apprentissage.

1. C'est ce qu'a montré le chapitre III.

	Inné	**Acquis**
Capacité à percevoir la couleur	X	
Capacité à jouer au baseball		X
Langage	?	X
La « connaissance » des principes physiques	?	X
Le sens moral	?	X

La remise en question de la distinction inné-acquis.

Si presque toutes les compétences humaines sont acquises, faut-il considérer que rien n'est *inné* ou presque ? Est-ce une raison suffisante pour adhérer à l'empirisme, la thèse rivale de l'innéisme?

Avant de tirer une telle conclusion, on peut formuler une autre version de l'interprétation littérale du mot : *inné* signifierait bien *actuellement présent dès le départ*, mais seulement pour celui qui *sait* le voir, c'est-à-dire aux yeux experts du scientifique. Est *inné* ce qui serait implicite avant d'être explicite, sous-jacent ou latent avant d'être manifeste. Les innéistes considèrent en effet l'*inné* comme ce qui mature, ce qui se développe de façon endogène, à la manière d'un organe. C'est bien ainsi que Chomsky conçoit le langage, Spelke la « connaissance » des principes physiques et Haidt les intuitions morales. Selon cette perspective, l'*inné* est alors ce qui *dans les gènes* détermine l'ontogénie de l'individu et qui se manifeste à un moment ou à un autre de façon inéluctable s'il ne rencontre pas d'obstacle. Il est alors associé dans l'imaginaire collectif et par certains scientifiques au bagage naturel dont l'individu est doté en venant au monde et qui réside dans son génotype formé lors de sa conception. Ce bagage génétique est considéré comme fortement déterminant et imperméable aux effets de l'environnement. Ainsi, le langage, la « connaissance » des principes physiques, le sens moral seraient trois capacités inscrites dans les gènes. C'est la raison pour laquelle ces compétences se développeraient uniformément dans toutes les cultures et sociétés humaines, à l'instar de la capacité à percevoir la couleur, mais contrairement à la capacité de jouer au baseball qui, elle, ne serait pas inscrite dans les gènes, mais acquise ou apprise dans un environnement et une culture particuliers.

Or, il nous faut d'abord remarquer un point important et qui va à l'encontre d'une vision répandue : la génétique n'a en réalité rien à nous dire sur l'*inné*. Autrement dit, les généticiens ne sont pas concernés par cette question. En effet, la génétique se définit comme la science de l'hérédité des variations. En ce sens, elle étudie les différences entre les individus dans une population donnée et dans un environnement donné. Ses résultats sont donc entièrement contextuels, dans la mesure où deux échantillons d'individus ne présentent pas nécessairement les mêmes variations génétiques. En outre, ces mêmes variations génétiques peuvent engendrer des effets différents dans des environnements différents. Enfin, la génétique – si elle étudie les corrélations entre génotype et phénotype – néglige volontairement les autres causes du développement (les causes dites épigénétiques et environnementales). Reprenons ici l'exemple donné par le biologiste et généticien Pierre-Henri Gouyon pour illustrer cette idée[1] : lorsque la génétique s'intéresse au nombre de jambes dans l'espèce humaine, elle aborde cette question sous l'angle de la variation. La plupart des humains possèdent deux jambes. Mais certaines personnes victimes

1. Gouyon [2016].

d'accident n'en ont qu'une, d'autres aucune. L'accident peut survenir après leur naissance ou avant, comme dans le cas de l'administration de thalidomide à des femmes enceintes dans les années 1950, par exemple. Par conséquent, le généticien constate que les variations du nombre de jambes chez les humains sont produites par ce qui provient de l'environnement. Il conclut dès lors que le nombre de jambes, bien qu'évidemment dû à une information génétique, est déterminé par l'environnement !

Cette conclusion apparaît contre-intuitive et en opposition à la vision commune de l'*inné* qui dirait spontanément que le nombre de jambes est *inné* chez l'humain, car les humains ont deux jambes pour la plupart et ce dans tous les environnements où ils évoluent ! On peut prendre un autre exemple pour illustrer le décalage entre l'usage du terme *inné* et la génétique : la catégorie des maladies génétiques (qu'on appelle aussi souvent et indistinctement *innées*) recouvre des maladies héréditaires aussi bien que des maladies comme le cancer, la schizophrénie ou l'alcoolisme dont on a certes établi la base moléculaire, mais dont on sait pourtant qu'elles sont déterminées par des facteurs environnementaux !

Ainsi, la génétique recherche les déterminants des *variations* dans certains environnements et ne nous aide pas à donner un sens à l'*inné*. *Inné* ne peut être synonyme de *génétique*[1], puisque tous les traits humains ont une base génétique dont l'expression dépend des variations de l'environnement[2]. Dans

---

1. Il ne peut donc pas non plus être synonyme de « génétiquement programmé » ou de « génétiquement spécifié ». Voir Reynaud [2013].
2. M. Morange [1998]. On sait aujourd'hui que le génome humain ne contient que 30 000 gènes, à peine plus que la drosophile qui en possède 13 000. En outre, les gènes ne représentent que 5 % du génome ; Malabou [2021]. La notion même de *gène* comme élément autonome, comme une entité qui existe en elle-même, est une fiction ; Fox-Keller [2010, p. 6].

son usage scientifique, l'*inné* prétend au contraire tenir un discours *général* sur l'espèce et les types de *capacités intrinsèques* que *tous* les individus possèdent indépendamment des circonstances. On cherche à mettre en évidence la *résistance* de certains traits à la variation environnementale, leur *persistance* dans un ensemble d'environnements[1]. Est *inné* ce qui se développe de façon *invariante* dans une diversité de conditions environnementales, à condition bien sûr que celles-ci soient considérées comme *normales* (ou pouvant advenir naturellement). Ainsi, le langage, par exemple, se développe selon les innéistes dans tous les contextes *normaux* (malgré la diversité des cultures et des sociétés humaines) ; son développement est stoppé seulement lorsque la situation est *anormale.* En témoigne le cas des enfants « sauvages » qui ne parlent jamais normalement, étant victimes d'une certaine forme d'autisme et privés d'interactions avec d'autres humains.

Une nouvelle objection apparaît néanmoins qui concerne la *normalité* des environnements[2] : si l'environnement *normal* se mettait à changer, si, par exemple, il devenait saturé en thalidomide, devrions-nous considérer le fait d'avoir *une* seule jambe comme *inné* ? On pourrait objecter que cet environnement n'est pas viable (ce qui resterait à démontrer). Mais s'il l'était ? Autrement dit, si un trait devient récurrent en vertu de la persistance d'un paramètre environnemental nouveau, doit-on considérer qu'il est *inné* ? Cela paraît contre-intuitif à nouveau.

Le défi à relever pour donner du sens à l'*inné* peut alors se formuler comme suit : il faudrait pouvoir faire la différence entre des traits *innés*, présents en dépit de la variation environnementale et en vertu de la nature intrinsèque

---

1. Ariew [1996] ; Sober [1999].
2. Mameli et Bateson [2006].

de l'individu, et des traits qui, bien que récurrents, sont *non innés* car leur récurrence serait due à des conditions environnementales elles-mêmes récurrentes. C'est bien là l'un des enjeux des débats concernant le langage, la « connaissance » des principes physiques et le sens moral : pour les innéistes, ces capacités se développent *nécessairement* dans tout environnement *normal* et reposent sur des mécanismes *innés* spécialement conçus pour qu'elles se développent ; pour les empiristes, au contraire, ce sont les circonstances qui permettent aux compétences de se développer.

	Empirisme	***Innéisme***
Capacités innées	Les mécanismes sensoriels Des capacités générales d'apprentissage	Les mécanismes sensoriels Des capacités dédiées à des tâches spécifiques
Définition de l'inné	*Inné* = non acquis	*Inné* = acquis *nécessairement* grâce à des mécanismes dédiés

La définition de l'inné selon l'empirisme et l'innéisme.

LES MOUCHES À QUATRE AILES

Pour comprendre la difficulté à distinguer les traits *innés* des autres traits invariants, un détour par l'histoire des sciences me semble nécessaire : l'expérience menée par le biologiste Conrad Waddington, qui a vu naître « naturellement » des mouches à quatre ailes (les mouches bithorax), est à cet égard instructive[1]. Les ancêtres de ces mouches, plusieurs générations avant elles, possédaient deux ailes seulement, comme toutes les mouches *normales*. Que s'est-il donc passé ? Waddington a élevé des embryons de mouches dans un environnement où il a remplacé l'air par de l'éther. Cette modification environnementale a ainsi changé le phénotype des mouches qui ont développé un bithorax (et donc quatre ailes) à l'âge adulte.

Il est tentant de penser au premier abord que le phénotype bithorax est *acquis* et qu'il n'est donc ni *inné* ni héréditaire puisque les gènes n'ont pas été modifiés dans cette expérience. Les observations ultérieures viendront pourtant faire vaciller cette intuition : au bout d'une vingtaine de générations de sélection de drosophiles bithorax, les descendantes continuent à posséder ce même phénotype, et ce *même en l'absence de l'éther* dans un environnement redevenu *normal*. Le bithorax reste alors un trait stable dans les générations suivantes. Ce caractère *acquis* est devenu un caractère *inné* !

Waddington propose alors une définition intéressante de l'*inné* qui signifie désormais la *canalisation* du développement d'un trait. Autrement dit, un trait est *inné* si son développement est *canalisé*, c'est-à-dire s'il se développe de façon stable, quelle que soit la variation environnementale à laquelle il est soumis. Cette canalisation a été sélectionnée par l'évolution. Si le bithorax n'était pas canalisé, il aurait en effet disparu dans l'environnement redevenu *normal*. On l'aurait alors considéré comme causé par le changement ponctuel des conditions et entièrement dépendant d'un paramètre spécifique de

---

1. Waddington [1959]. Waddington est connu pour avoir forgé le terme « épigénétique » en 1940 pour désigner l'étude des rapports complexes entre génotype et phénotype.

l'environnement (l'éther). Mais parce qu'il a résisté au changement environnemental, le bithorax peut être qualifié d'*inné* !

Waddington offre ainsi un moyen de montrer expérimentalement que certains traits sont *canalisés* et donc *innés*. Il devient alors empiriquement possible de montrer une telle canalisation dans certains cas. Par exemple, les expériences menées sur certaines espèces d'oiseaux-chanteurs ont révélé que les oisillons sont capables de développer le chant de leur espèce sans jamais l'avoir entendu, à condition qu'ils entendent n'importe quel autre chant d'oiseau, et même s'il est produit par un ordinateur[1] ! On peut donc considérer que le chant est *canalisé* et donc *inné* au sens de Waddington.

Nous tenons ici une définition de l'*inné* qui semble pertinente et correspondre en partie à la vision commune : est *inné* ce qui apparaît dans l'ontogénie, en dépit de la variation environnementale et dont l'apparition, bien que requérant certains paramètres environnementaux, ne serait pas *causée* par l'environnement, car elle aurait été sélectionnée dans le passé évolutif de l'espèce pour résister à la variation environnementale.

Cette définition paraît d'autant plus pertinente qu'elle n'implique pas une vision immuable et prédéterminée de l'*inné*. En effet, comme on le voit avec l'exemple des drosophiles, le changement environnemental peut fonctionner comme un révélateur des variations présentes dans le génome, préalablement invisibles pour l'expérimentateur parce que présentes seulement sous la forme de mutations silencieuses. Il est en effet bien connu en génétique qu'un même génome peut coder de façon disjonctive pour plusieurs phénotypes

---

1. Lade et Thorpe [1964] ; Kroodsma [1985] ; Reynaud [2017]. Dans certaines espèces (comme les colombes ou les moucherolles, par exemple), les oisillons sont même capables d'acquérir le chant de leur espèce lorsqu'ils ont été élevés dans le silence et totalement isolés de leurs semblables !

qui s'expriment en fonction de certaines variations environnementales. Par exemple, les abeilles peuvent devenir des reines ou des ouvrières en fonction de la nourriture qu'elles ont ingérée à l'état de larve. Les larves nourries exclusivement de gelée royale donneront naissance à des reines ; celles nourries de miel et de pollen deviendront des ouvrières.

Il en va de même pour le sexe de la tortue qui dépend de la température d'incubation de l'œuf pendant le premier trimestre de développement : si la température est supérieure à 30 degrés, la tortue sera une femelle ; dans le cas contraire, elle sera un mâle. Dans ces deux exemples, la variation d'un paramètre environnemental (la nourriture ou la température) suffit à produire des individus différents *intrinsèquement*.

	Dépendant d'un paramètre environnemental	**Canalisé et donc *inné***
Thorax ou bithorax	X (air/éther)	X
Ouvrière ou reine	X (nourriture)	X
Tortue mâle ou tortue femelle	X (température)	X

La théorie de la canalisation, Ariew, 1996.

Certains phénotypes peuvent même rester cachés si l'environnement est stable et ne se révéler qu'en cas de changement brutal. Par exemple, la galactosémie était une maladie génétique mortelle chez le nourrisson dans notre société et dans les années 1970. Cette maladie apparaît chez le nourrisson porteur d'une certaine mutation génétique[1] à qui l'on donne

1. Cette mutation affecte le gène qui code la production d'une enzyme permettant de digérer le lactose. Cet exemple est emprunté à Gouyon [2016].

du lait à boire. Aujourd'hui, un test est effectué systématiquement chez les nouveau-nés, ce qui permet d'éviter de donner du lait aux bébés porteurs de cette mutation. La galactosémie a ainsi complètement disparu de notre société. On voit bien avec cet exemple que le même gène a des effets différents en fonction des variations environnementales.

La conception de Waddington permet de prendre en compte ce fait en nous poussant à admettre que *plusieurs* chemins développementaux peuvent être *canalisés* pour un même caractère : selon d'autres variations environnementales dans lesquelles évoluent les mouches, c'est le phénotype commun (un seul thorax) qui reste stable.

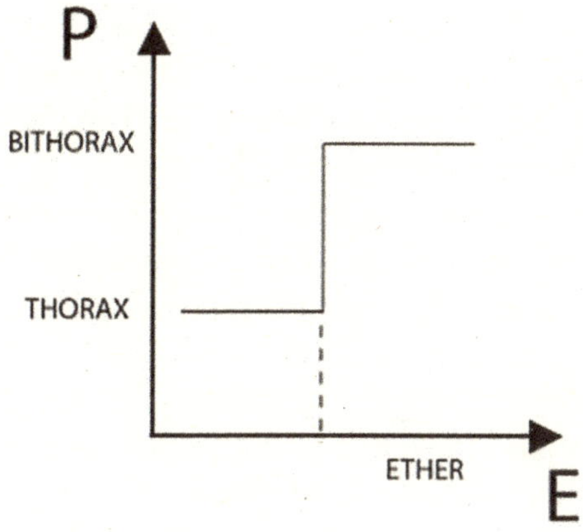

L'expression phénotypique disjonctive thorax/bithorax chez la drosophile
P : phénotype
E : environnement.

Un point crucial peut alors être établi : l'*inné* ne qualifie jamais un trait unique, mais plusieurs versions de ce même trait. Ainsi, la drosophile possède de façon *innée* (au moins) deux phénotypes différents : deux ou quatre ailes. Autrement dit, c'est sa *propension* (sa capacité ou sa disposition) à développer deux ou quatre ailes dans certains environnements qui est *innée*. Ainsi conçu, l'*inné* est pleinement compatible avec la plasticité du développement.

L'IMPOSSIBLE DISTINCTION SUJET-MILIEU

A-t-on trouvé enfin ce que l'on entend par *inné* ? Il est tentant de le penser. Une nouvelle difficulté apparaît néanmoins : la définition proposée par Waddington est construite à partir d'expériences en laboratoire. Peut-on vraiment l'extrapoler à la réalité ? Dans la réalité, un environnement avec éther ne serait probablement pas viable non pas parce que les drosophiles ne pourraient pas respirer, mais à cause du manque de nourriture ou du déséquilibre de la niche écologique que la présence d'éther impliquerait. Peut-on alors raisonnablement conclure que le bithorax est *inné* si son apparition est provoquée par la manipulation *artificielle* de l'environnement ?

En outre, la plupart des traits interagissent de façon trop étroite avec l'environnement pour qu'il soit possible d'isoler certains paramètres environnementaux qui autoriseraient ou empêcheraient leur développement. Le développement du trait et les paramètres environnementaux covarient. Reprenons l'exemple de l'espèce des oiseaux-chanteurs évoqué plus haut : si les oisillons ont besoin d'entendre un chant pour développer le leur, même s'il ne s'agit pas du chant de leur espèce, on peut penser que le chant entendu *cause* en partie l'apparition du chant conspécifique. Pour le prouver, il faudrait interroger le degré de similarité du chant entendu et du chant conspécifique (non seulement par la forme des syllabes, mais également en organisation). Si le chant entendu ressemble au chant de l'espèce, on peut en conclure qu'il informe le contenu du chant produit. Mais à partir de quel degré de similarité doit-on le penser ? En outre, les études montrent que la capacité qu'ont les oiseaux d'apprendre le chant d'une autre espèce dépend de la façon dont ils y sont exposés. Les bruants à couronne blanche, par exemple, ne sont pas capables d'apprendre le chant des bengalis rouges s'il est présenté dans des enregistrements. En revanche, ils l'apprennent s'ils sont élevés avec eux[1] ! Autre exemple surprenant : le diamant mandarin préfère apprendre le chant d'un père adoptif d'une autre espèce qu'à partir de l'enregistrement du chant de sa propre espèce[2]. On voit par ces exemples que les interactions sociales sont essentielles au développement du chant. D'ailleurs, la plupart des oiseaux-chanteurs développent le chant de leur espèce uniquement si un oiseau de leur espèce joue le rôle de tuteur. Doit-on en conclure que ce chant n'est pas *inné* ?

---

1. Baptista et Petrinovich [1986]. Pour une analyse approfondie de ces différents cas, voir Reynaud [2017].
2. Immelmann [1969].

	Développement du chant / du langage	***Inné***
Colombes ou moucherolles élevées dans le silence	Chant conspécifique	Oui ou non pertinent (situation « anormale ») ?
Enfants sauvages	Absence de langage	Non ou non pertinent (situation « anormale ») ?

	Développement du chant / du langage	***Inné***
Bruants à couronne blanche élevés en étant exposés aux chants d'autres espèces	Chant conspécifique	Degré de similitude entre chant entendu et chant chanté ? Non pertinent (situation « anormale ») ?
Les enfants exposés à d'autres langues et au pidgin	Créole	En débat (voir chapitre II)

	Développement du chant / du langage	***Inné***
La plupart des espèces d'oiseaux-chanteurs élevés dans une situation « normale »	Chant conspécifique	Oui (canalisé) ou causé par l'environnement ?
Enfants élevés dans une situation « normale »	Langue maternelle	En débat (voir chapitre II)

Comparaison des différents cas de développement du chant chez les oiseaux et du langage chez l'humain.

Il est ainsi difficile de tirer des conclusions à partir d'expériences réalisées en laboratoire qui présupposent la possibilité de segmenter l'environnement en différents paramètres et de séparer expression des gènes et environnement. Les paramètres environnementaux dépendent les uns des autres d'une façon si intriquée qu'ils sont très difficiles à séparer[1] et les gènes s'expriment nécessairement *dans* un environnement, qu'il soit artificiel ou naturel.

Ainsi, au sein du laboratoire comme dans la réalité, l'individu et l'environnement ne sont jamais véritablement dissociables. L'environnement est toujours un *milieu* pour l'individu qui en fait partie[2]. « Environnement » n'est d'ailleurs pas le terme le plus approprié pour rendre compte de cette intrication ou de ce maillage[3]. Parce qu'il environne et entoure, il forme une barrière et reste donc extérieur à l'individu. À l'inverse, « milieu », qui renvoie par son étymologie au partage du lieu, traverse l'être dont il est le mi-lieu. Il est aussi bien extérieur qu'intérieur[4], indissociablement naturel, social et technique. Le terme « individu » lui-même paraît trop figé, car il fait référence à une entité indivisible toujours déjà constituée, identique à elle-même. Le philosophe Simondon lui préfère celui de « sujet » pour signifier qu'il est à la fois l'agent et le résultat de sa genèse, de son développement, de son « individuation[5] ». Selon lui, tout être vivant s'adapte, modi-

---

1. Lehrman [1953].
2. La distinction entre milieu (*Umwelt*) et environnement (*Umgebung*) est empruntée à l'éthologiste Jacob von Uexküll. Toute une tradition de philosophes préfère ainsi le terme *milieu* à celui d'*environnement* (Uexküll, Goldstein, Merleau-Ponty, Canguilhem, Simondon).
3. Morton [2021].
4. Petit [2015].
5. Simondon [1989, p. 12-13]. L'individuation est la « résolution partielle et relative qui se manifeste dans un système recélant des potentiels et

fie sa relation au milieu en même temps qu'il se modifie lui-même en inventant ses structures internes. Un enfant n'est pas seulement un adulte en devenir dans un environnement donné, il est un être en développement qui interagit en permanence avec ses semblables et son milieu sans quoi ni lui-même, ni les autres, ni le milieu n'existeraient comme tels. Ainsi, tout être vivant et à fortiori l'être humain n'est jamais à strictement parler un individu réalisé une fois pour toutes. Le milieu n'est lui-même jamais constitué en dehors des interactions qu'il permet et des modifications qu'il induit chez les sujets qui l'habitent. Par exemple, de nombreux microorganismes vivent « en dehors » de la gravité en vertu de leur taille et de leur poids. Ils sont néanmoins soumis à une force universelle (le mouvement brownien) dont nous ne sentons pour notre part aucun effet. Il n'existe ainsi aucun fait universel et naturel dont l'effet n'est pas en partie une conséquence de la nature de l'organisme lui-même[1].

Le système que forment les sujets et le milieu qui leur est associé est alors nécessaire pour le développement de chaque compétence. Reprenons l'exemple du langage. Pour que l'enfant se mette à parler, il doit être plongé dans un milieu au sein duquel prennent place de multiples interactions humaines. C'est la raison pour laquelle, répétons-le, le cas des enfants « sauvages » aphasiques (élevés loin des interactions humaines et ayant eu probablement des difficultés à sociabiliser avant leur abandon) ne suffit pas pour montrer que le langage n'est pas *inné*. La seule conclusion que l'on peut tirer de cet exemple est que la compétence langagière n'apparaît pas – ou mal – dans des environnements qui, bien que viables, restent pauvres en interactions humaines et

---

renfermant une certaine incompatibilité par rapport à lui-même ».

1. Rose, Lewontin et Kamin [1984, p. 275].

peuvent à cet égard être considérés comme *anormaux*. Ainsi, tout développement prend place dans un milieu qui lui est propre (et qu'il contribue à créer et entretenir) et sans lequel il n'aurait pas lieu.

On objectera peut-être que toute approche scientifique est nécessairement sélective : elle découpe un aspect de la réalité pour la rendre intelligible. Elle doit nécessairement abstraire certains éléments pour les étudier. C'est en effet pour ces raisons dont il a bien conscience (et qui n'enlèvent rien, selon lui, à la réalité des résultats de ses travaux) que Chomsky isole la compétence grammaticale du reste du développement langagier, le jugeant trop complexe pour être étudié scientifiquement[1]. Néanmoins, la question se pose de savoir jusqu'où (et comment) on peut séparer les compétences, d'une part, et les paramètres de l'environnement, d'autre part. C'est bien sur les partitions qu'il établit, par exemple entre sollicitations linguistiques et sollicitations sociales, que Chomsky est critiqué : dans ses analyses du développement de la syntaxe, il prend seulement en compte l'environnement linguistique (les phrases entendues par l'enfant). Or, selon ses opposants, il faut considérer d'autres composantes de l'environnement et notamment la composante sociale pour rendre compte de l'émergence de la syntaxe (dans l'ontogénie aussi bien que dans la phylogénie)[2].

Pour la plupart des compétences humaines, il semble impossible de faire *empiriquement* la différence entre celles qui sont *causées* par l'environnement et celles qui sont *causées* par l'organisme, entre celles qui sont d'origine endogène et celles d'origine exogène. La causalité du développement est en réalité très complexe : elle se compose de multiples

1. Chomsky [2001].
2. Tomasello [2005].

interactions causales. Tout développement implique les coactions de composants génétiques, neurologiques, comportementaux, environnementaux[1]. Le déterminisme génétique qui suppose une priorité causale des gènes dans le développement ne correspond pas aux rapports réels existant entre génotype et phénotype[2]. Ainsi, les compétences n'ont pas de causes spécifiques pouvant être isolées, mais doivent être comprises comme le résultat de cascades causales dynamiques mettant en jeu de nombreux processus opératoires au cours du temps. Retracer le développement d'une compétence requiert de renoncer à une approche linéaire et additive de la causalité qui segmente et fige les éléments et processus en jeu. À chaque instant, l'organisme en développement est lui-même tout à la fois acteur et conséquence de son développement. Chaque trait ou compétence doit alors être pensé comme un phénomène *émergent*[3] à partir de causes multiples jouant à des niveaux divers : les informations génétiques, le système de lecture des gènes constitué par les protéines (les causes dites « épigénétiques »), les ARN

1. Gottlieb [1991], [2007]. Le développement fait intervenir des éléments aussi divers que les produits des gènes, les hormones, l'activité neurale, les nutriments, les structures anatomiques, les variables physiques (la température, la salinité, le pH et la gravité), l'expérience sensorielle, les interactions sociales. Johnston [1988].
2. Selon Fox-Keller [2010, p. 58], le déterminisme génétique (le fait d'attribuer un pouvoir causal aux gènes) a été productif en génétique, mais a empêché aussi la formulation d'un cadre conceptuel adéquat à l'étude des phénomènes du développement. Le *Human Genome Project* a ainsi, selon Malabou [2010, p. 57], « sonné le glas du paradigme génétique ».
3. L'émergence dénote communément le fait que le tout est plus que la somme des parties. Si le tout (le système sujet-milieu) a des propriétés que l'on ne peut déduire des parties (du sujet et de ses composants, d'une part ; du milieu et de ses paramètres, d'autre part) c'est parce que les parties se comportent différemment lorsqu'elles sont dans le contexte de ce tout.

(acides ribonucléiques), les cellules, l'organisme et le milieu incluant les conditions physiques, chimiques et sociales dans lesquelles le sujet évolue.

La bipartition causale entre individu et environnement traditionnellement adoptée peut dès lors être rejetée comme trop simpliste. C'est pourtant sur elle que reposent en grande partie les débats sur l'*inné*. Pour les innéistes, en effet, l'environnement est dénué des informations requises pour le développement des compétences cognitives et morales. L'enfant doit donc posséder ces informations dans son esprit sous la forme de contenus (langagier, cognitif, moral) *innés*, ce que refusent les empiristes : si ces contenus ont besoin de l'expérience pour s'actualiser ou de la maturité de l'organisme (qui ne se fait pas sans expérience), en quoi sont-ils *innés* ? Un contenu censé faire référence à une expérience du monde qui n'a pas encore été faite par l'individu est-il encore un contenu ?

Ainsi, si l'on persiste à chercher une répartition binaire des causes du développement, on se trouve confronté à une alternative peu séduisante – et qui a pourtant nourri nombre de controverses philosophiques sur l'*inné* – : d'un côté l'innéisme (la plupart des compétences de l'individu sont *innées*, car elles ne peuvent jamais se ramener à ce qu'il trouve explicitement dans son environnement) ; d'un autre côté l'environnementalisme ou le culturalisme (l'individu forge ses compétences grâce à son environnement ou sa culture et il est naturellement doué pour le faire). Les deux options entérinent une dichotomie individu/environnement qui fige et réifie ces deux « entités » et échouent ainsi à prendre en compte leur interdépendance et leur co-construction.

L'INTERPRÉTATION POTENTIELLE DE L'*INNÉ*

L'interprétation littérale de l'*inné* ne tient pas. Une autre interprétation du mot *inné* reste néanmoins possible et, même si elle n'est pas dénuée de difficultés, elle paraît être la plus raisonnable. Les possibilités permises par le génome ne pouvant être connues d'avance et étant difficiles à délimiter *empiriquement*, il apparaît intuitivement convaincant de faire de l'*inné* un ensemble de *potentiels* que l'on ne peut énoncer ni délimiter à priori, mais dont on se voit forcé d'affirmer l'existence pour fournir une explication satisfaisante du développement. Ainsi, un trait n'est jamais *inné* à strictement parler ; c'est la potentialité de son occurrence qui l'est. Ne seront donc *innées* que des capacités, des dispositions, des tendances, des propensions de l'organisme qui, par une interaction complexe avec d'autres facteurs, rendent possible la cascade développementale menant à l'apparition des compétences.

En fait, le caractère potentiel de l'*inné* semble admis par tous les chercheurs qui ont recours à ce terme. Mais c'est aussi la raison pour laquelle il reste difficile à définir, tant il a du mal à échapper à un sens tautologique ou trivial : par exemple, dire que le langage est *inné* reviendrait à dire simplement que l'individu parle parce qu'il y est disposé ou en est capable[1]. L'*inné* désigne ainsi tantôt des dispositions dédiées à une compétence (pour les innéistes), tantôt de puissantes capacités générales d'apprentissage, capables donc de développer toutes les compétences observables (pour les empiristes).

---

1. Reynaud [2014].

	Inné	**Risque de faiblesse explicative**	**Attaque par le camp opposé**
Innéisme	Dispositions dédiées	Risque de tautologie : l'humain parle parce qu'il est spécialiste en langage	Échec de l'explication[1]
Empirisme	Capacités générales d'apprentissage	Risque de trivialité : l'humain parle parce qu'il en est capable	Échec de l'explication[2]

La controverse entre l'innéisme et l'empirisme.

On a ainsi accusé l'*inné*, au sein des débats scientifiques, de n'avoir aucune valeur explicative et de bloquer l'explication. Les attaques les plus violentes à l'égard de *l'innéisme* en font une théorie par défaut, une non-théorie[3]. En prétendant expliquer l'acquisition des compétences par leur caractère *inné*, c'est-à-dire par leur présence en l'individu, l'innéisme n'expliquerait rien, pis il obscurcirait les choses. L'*inné* repousserait le problème de l'apprentissage dans le développement de l'individu et le problème de l'apparition d'une compétence

1. Putnam [1975]. Putnam [1979, p. 428] dénonce également le caractère invraisemblable d'une telle hypothèse : « Pourquoi [Dieu] nous bourrerait-il la tête d'un milliard d'"organes mentaux" différents au lieu de nous créer simplement futés ? ».

2. Apprendre les structures syntaxiques à travers « l'interaction sociale » est une option aussi peu plausible qu'apprendre par « osmose ». Atran [2001, p. 3].

3. Cowie [1999].

dans l'évolution humaine. Son recours représenterait tout bonnement un échec de l'explication.

Inversement, pour les innéistes, l'hypothèse empiriste qui conçoit l'individu comme doté de capacités générales à acquérir la connaissance du langage, simplement grâce à l'interaction avec l'environnement, reste mystérieuse. Comment des mécanismes généraux d'apprentissage peuvent expliquer les propriétés grammaticales complexes et abstraites ? L'hypothèse d'une « intelligence générale » ne constitue pas une hypothèse empiriquement testable[1].

Est-il possible dès lors d'échapper à la tautologie ou à la trivialité et de penser l'*inné* comme un véritable *potentiel*, une véritable *propension* (en anglais *capability*) de l'individu ? L'*inné* comme *potentiel* n'est justifié que s'il est requis par nos explications. Est-ce le cas ?

Je pense que l'*inné* doit être compris dans un sens *épistémique*, c'est-à-dire à partir du rôle qu'il joue dans le débat scientifique. Aucune explication de l'apparition d'une compétence ne semble parvenir à se passer de lui, c'est-à-dire de l'attribution à l'organisme de certains *potentiels*. Même les théories empiristes, opposées à l'innéisme, n'hésitent pas à attribuer à l'individu des capacités *innées* très puissantes. Ce qui fait débat n'est donc pas tant le recours à l'*inné* que la nature de ce qui l'est (de simples capacités ou des dispositions plus spécifiques, dotées d'un contenu *inné*) et donc la façon dont on explique le développement. L'*inné* va toujours de pair avec une certaine conception de son développement. Chomsky, défenseur de la faculté innée de langage, compare le développement du langage à la maturation d'un organe[2] ; Tomasello propose une autre vision du développement langagier, compris

1. Chomsky [1979].
2. Chomsky [1980].

comme assimilation de constructions linguistiques particulières employées dans un contexte spécifique[1]. L'*inné* apparaît bien comme une hypothèse nécessaire au schéma explicatif de l'apparition d'une compétence. L'identification des capacités *innées* se fait à l'orée d'une chaîne développementale spécifiée et non *in abstracto*[2]. La seule pertinence de l'*inné* dériverait ainsi de sa participation féconde à l'explication de l'émergence d'une compétence. Il n'est alors pertinent que lorsque son recours est justifié par des enquêtes généalogiques précises. Les auteurs contemporains qui utilisent abondamment ce concept le font dans un contexte théorique où, postulant un schéma développemental pour telle ou telle compétence, ils font intervenir l'idée de propension *innée* comme *terminus a quo*, en attendant mieux.

Ainsi, la conception de l'*inné* dépend de l'état de nos connaissances et est donc susceptible de varier avec elles. Plus précisément, elle dépend des théories expliquant le développement. Or, une bonne théorie du développement doit prendre en compte le fait que celui-ci se caractérise par une complexification croissante de l'organisation, faisant émerger des structures et des fonctions nouvelles au cours du temps, et ce à tous les niveaux d'analyse (génétique, neural, cognitif, comportemental)[3]. Les capacités *innées* correspondent alors aux capacités primitives qu'une explication développementale satisfaisante proposera d'attribuer à l'organisme afin de rendre possibles les interactions complexes avec les autres ressources qui déclencheront la cascade développementale responsable de l'apparition d'un trait.

---

1. Tomasello [2003].
2. Reynaud [2011; 2013].
3. Gottlieb [2003].

Pour résumer, l'usage heuristique de l'*inné* n'est possible que si sa dépendance à l'histoire développementale d'une compétence est pleinement explicitée et assumée. L'*inné* nomme des *potentiels* qui, comme tels, restent pour une large part inexpliqués : ils sont dus à des mutations génétiques ou non, hérités ou non, sélectionnés dans l'évolution ou non[1]. L'*inné* ne se manifeste pas nécessairement à la naissance, mais peut le faire à tout moment de l'ontogénie. L'*inné* comme *potentiel* n'est pas prédéterminé, mais se révèle lors de ses manifestations qui ne l'épuisent cependant pas. Il désigne une force, une tendance, une propension en elle-même inexplicable, mais dont on se voit forcé d'admettre l'existence pour expliquer le développement des compétences.

L'*inné* apparaît, une nouvelle fois, mais dans un autre contexte que celui évoqué dans le chapitre I, comme une manière de nommer notre ignorance. Nous mesurons ici toute la différence existant entre un discours purement idéologique et un discours scientifique : dans le premier, l'ignorance est niée et camouflée sous le dogmatisme; dans les sciences, elle est reconnue et assumée comme telle et permet de délimiter prudemment nos connaissances – et ainsi de les rendre possibles.

---

1. C'est en ce sens que j'ai parlé ailleurs de l'inné comme résidu de l'explication; REYNAUD [2013].

BIBLIOGRAPHIE

ARIEW A., 1996. « Innateness and canalisation », *Philosophy of Science* 63, p. 19-27.

ATRAN S., 2001. « The case for modularity: Sin or salvation? », *Evolution and Cognition* 7, 1.

BAPTISTA L. F. et L. PETRINOVICH, 1986. « Song development in the white-crowned sparrow: social factors and sex differences », *Animal Behaviour* 34, 5, p. 1359-1371.

CHOMSKY N., 1980. *Règles et représentations*, trad. A. Khim, Paris, Flammarion, 1985.

— 2001. *Le Langage et la Pensée*, Payot, Rivages, 2001.

COWIE F., 1999. *What's Within? Nativism Reconsid*ered, Oxford, Oxford University Press.

ELMAN J., E. BATES, M. JOHNSON, A. KARMILOFF-SMITH, D. PARISI et K. PLUNKETT, 1996. *Rethinking innateness. A connectionist perspective on development*, Cambridge, MA, MIT Press.

FOX-KELLER E., 2010. *The mirage of a space between nature and nurture*, Durham, NC, Duke University Press.

GOTTLIEB G., 2001. « A developmental psychobiological systems views: Early formulation and current status », *in* S. OYAMA, P. GRIFFITHS et R. GRAY (éd.), *Cycles of Contingency. Developmental Systems and Evolution*, p. 41-55, Cambridge MA, MIT Press.

GOUYON P.-H., 2016. « Inné/acquis », *in* J. RENNES (éd.), *Encyclopédie critique du genre*, La découverte, p. 331-340.

GRIFFITHS P., 2002. « What is innateness ? », *The Monist* 85, 1, p. 70-85.

IMMELMANN K., 1969. « Environmental factors controlling reproduction in African and Australian birds – a comparison », *Ostrich 40*, S1, p. 193-204.

LADE B. I. et W. H. THORPE, 1964. « Dove songs as innately coded patterns of specific behaviour », *Nature 202*, 4930, p. 366-368.

LEHRMAN D., 1953. « A Critique of Konrad Lorenz's Theory of Instinctive Behavior », *The Quarterly Review of Biology* 28, 4, 1953, p. 337-363.

MALABOU C., 2021. *Métamorphoses de l'intelligence : du QI à l'IA*, Paris, Puf.

MAMELI M. et P. BATESON, 2006. « Innateness and the sciences », *Biology and Philosophy* 21, p. 155-188.

MORANGE M., 1998. *La part des gènes*, Paris, Odile Jacob.

MORTON T., 2021. *La pensée écologique*, Paris, Zulma.

OYAMA S., 2000. *The Ontogeny of Information*, Durham et Londres, Duke University Press.

PETIT V., 2015. « L'éco-design : design de l'environnement ou design du milieu ? », *Sciences du design* 2, 2, p. 31-39.

PUTNAM H., 1975. *Mind, Language and Reality, Philosophical Papers*, vol. 2, Cambridge, MA, Cambridge University Press.

PIATTELLI-PALMARINI M. (éd.), 1979. *Théories du langage. Théories de l'apprentissage. Le débat entre Jean Piaget et Noam Chomsky*, trad. Y. Noizet, Paris, Seuil.

PRINZ J., 2012. *Beyond Human Nature*, New York, WH Norton.

REYNAUD V., 2010. « Faut-il renoncer à la notion d'inné ? », *REPHA* 2.

— 2013. « L'innéité à l'épreuve de la complexité du développement », *in* D. FOREST (éd.), *L'innéité aujourd'hui*, Paris, Matériologiques.

— 2014. « Can Innateness Ascriptions Avoid Tautology ? », *Philosophia Scientiae* 18, 3.

— 2017. « L'innéité est-elle la canalisation du développement biologique ? », *Igitur* 8, 1, p. 1-14.

— 2018. *Les idées innées. De Descartes à Chomsky*, Paris, Classiques Garnier.

ROSE S., R. LEWONTIN et L. KAMIN, 1984. *Not In Our Genes*, New York, Pantheon Books.

SIMONDON G., 1989. *L'individuation psychique et collective*, Paris, Aubier.

SOBER E., 1999. « Innate knowledge », *The Routledge Encyclopedia of Philosophy* 4, p. 794-797.

TOMASELLO M., 2003. *Constructing a Language. A Usage-based Theory of Language Acquisition*, Cambridge, Mass., Harvard University Press.

WADDINGTON C., 1959. « Canalisation of Development and the Inheritance of Acquired Characters », *Nature* 150, p. 563-565.

VI

L'INTELLIGENCE EST-ELLE HÉRITABLE ?

> « Il n'y a pas deux êtres humains qui ont la même intelligence : nous avons chacun une forme d'intelligence qui nous est qualitativement unique et qui ne peut être comparée en "plus" ou en "moins" avec celle des autres. »
>
> J. STEWARD, 1982, cité par LARMAT, 1985, p. 63

On peut raisonnablement penser que les différences entre les sujets sont dues à des capacités *innées* tout autant qu'à leur histoire individuelle. Mais pouvons-nous dire que certaines personnes sont *par nature* plus « intelligentes » que d'autres ? Si l'*inné* se définit en termes de *potentiel* comme nous l'avons suggéré dans le chapitre précédent, peut-on alors classer les individus en « haut » et « bas » potentiels ? C'est ce que laissent penser l'approche scientifique de l'intelligence et les tests de quotient intellectuel (QI). Selon certains chercheurs contemporains, l'intelligence est *génétique* et donc *héritable*, plutôt que façonnée par le *milieu*.

Pourtant, qualifier quelqu'un de plus ou moins « intelligent » continue à être dérangeant et semble toujours comporter un air de provocation[1]. Selon quels critères cette qualification peut-elle être faite ? Sait-on au moins ce qu'est l'intelligence ? *Intelligence* vient du latin *intelligo*, qui signifie comprendre, discerner, et qui contient le verbe *lego* (« choisir ») et le préfixe *inter* (« entre »). L'intelligence renvoie alors à cette capacité de choisir *entre* différentes possibilités et donc, pour ce faire, de tisser des liens entre les choses pour mieux les comprendre. Mais les liens que l'on peut tisser ne sont-ils pas multiples ? L'intelligence n'est-elle pas par *définition* vouée à être polymorphe ? Est-elle générale, unique, individuelle ? Ou y a-t-il plutôt des intelligences spécifiques, multiples, collectives ?

Chercher à définir l'intelligence et à la mesurer, à en faire une capacité héritable ou *innée*, à classer les sujets comme plus ou moins *intelligents* semble toujours découler d'options sociales ou politiques à priori et chargées d'affectivité. Est-il alors possible de reconnaître les différences entre les sujets sans instaurer des hiérarchies ou des inégalités ?

DU GÉNIE AU « HAUT POTENTIEL »

L'étude scientifique de l'intelligence conçoit les qualités intellectuelles comme des caractéristiques mesurables et inégalement réparties entre les individus. Elle trouve son origine dans deux événements historiques importants.

Le premier événement correspond à la publication en 1869 de l'ouvrage *Hereditary Genius* rédigé par le statisticien britannique Francis Galton, cousin de Darwin et défenseur célèbre du caractère *inné* et *héréditaire* de l'intelligence. Selon

1. Malabou [2021]. On retrouve cet air de provocation dans la question que pose Nietzsche : « Pourquoi suis-je intelligent ? »

lui, les caractères mentaux et moraux des sujets (comme les capacités intellectuelles) sont immuables et résultent de l'action combinée de la sélection naturelle et de l'hérédité[1]. Les êtres humains sont les transmetteurs passifs d'une nature *innée* qu'ils ont reçue. Certains sont même des *génies*, doués d'un *don* entièrement naturel, héréditaire, qui se révèle sans apprentissage et peut s'exprimer dans plusieurs domaines de spécialisation. L'intelligence est alors vue comme une pulsion *innée* vers la réussite ou la réputation. Elle caractérise « une nature qui, laissée à elle-même pourra, poussée par un stimulus interne, grimper le chemin qui mène à l'éminence, et trouver la force d'atteindre le sommet[2] ».

Le Génie héréditaire est ainsi un plaidoyer en faveur de l'hérédité des facultés mentales dans les lignées familiales. Galton met au point une méthode expérimentale de génétique quantitative qui lui permet de dresser une généalogie d'hommes célèbres en menant des enquêtes familiales. Il utilise des techniques statistiques qui lui permettent de quantifier et de partitionner les différentes capacités. Il compare au sein d'un nombre suffisamment élevé de familles l'intelligence des enfants à celle de leurs parents ou frères et sœurs. Il formule alors la « théorie statistique de l'hérédité », qui s'applique aussi bien aux facultés mentales qu'aux facultés corporelles : il existe, selon lui, une transmission des qualités individuelles, mais qui se caractérise par la variabilité des enfants au sein d'une même famille, le paradoxe étant que les enfants ressemblent à leurs parents tout en

---

1. Au côté des capacités intellectuelles, Galton considère comme des traits comportementaux et des aptitudes héréditaires la prédisposition aux passions impulsives, l'amour parental, le caractère plus ou moins domestique, le sens du péché originel, l'aptitude à la prière.
2. GALTON [1874], cité par MALABOU [2021, p. 37].

étant différents d'eux. Par exemple, les parents « exceptionnels » ont en général des enfants plus « médiocres » qu'eux-mêmes. Ainsi, les enfants ne tendent pas tant à ressembler à leurs parents qu'au type moyen de la race. Il y a ainsi un phénomène de réversion vers des types plus moyens que ceux des parents. Galton en conclut qu'il existe en chaque individu une variabilité « latente » qui excède largement celle des éléments qui font la personne patente. La variabilité familiale est ainsi un facteur de dispersion des qualités et la réversion un facteur d'homogénéisation.

Le second événement important dans l'étude scientifique de l'intelligence est la mise en place de l'« échelle métrique de l'intelligence », premier test d'intelligence à succès et qui donnera naissance au quotient intellectuel[1] (QI), échelle présentée par les psychologues Alfred Binet et Théodore Simon en 1905. Cette approche psychométrique définit des classes d'âges selon des standards et des normes spécifiques à chacune. Le QI résulte, de la même manière, d'une comparaison entre le niveau établi à l'aide de ces tests et l'âge réel de la personne testée. Il se présente comme une méthode spécifique qui évalue une capacité d'apprentissage globale soutenant toutes les performances cognitives. Pour le psychologue britannique Burt, les différences de QI sont des différences dans les gènes et sont héritées.

C'est en s'appuyant sur des mesures de QI que l'on diagnostique aujourd'hui des enfants *surdoués* ou *à haut potentiel*, naturellement plus précoces ou plus « intelligents », qui parviennent à réaliser des activités intellectuelles dont les autres enfants sont incapables au même âge[2]. Le consensus

1. Le quotient intellectuel est inventé par Stern en 1912.
2. Terman est le premier en 1916 à utiliser le QI comme critère de haut potentiel intellectuel. Il étudiera alors les enfants qu'il qualifie de doués

à ce jour entre psychologues fixe à 130 le seuil du QI d'un enfant « à haut potentiel » (la moyenne étant à 100)[1].

	Quotient Intellectuel
Enfants « ordinaires »	100 en moyenne
Enfants « à haut potentiel »	> 130

Le QI chez les enfants « ordinaires » et « à haut potentiel ».

JUMEAUX ET ENFANTS ADOPTÉS

Depuis Galton, les jumeaux et les enfants adoptés sont des exemples privilégiés[2] par les études. La raison en est qu'ils semblent pouvoir fournir un moyen d'étudier séparément la transmission génétique et la transmission environnementale, c'est-à-dire de démêler l'*hérédité* du *milieu* ou ce que les anglo-saxons nomment *nature* et *nurture*[3]. On peut alors comparer les ressemblances entre les enfants adoptés et leurs parents biologiques ou d'adoption. Autrement dit, les chercheurs se demandent ce que leur *intelligence* doit à leurs gènes, à leur hérédité, et ce qu'elle doit au milieu dans lequel ils grandissent et à l'éducation qu'ils reçoivent. Les jumeaux monozygotes (MZ)[4] apparaissent comme des cas particulièrement

---

(*gifted*) pendant 35 ans, travaux qui sont rassemblés *in* Grégoire [2012].
1. Caroff [2004] ; Grégoire [2012].
2. Galton [2012] a écrit un article intitulé « The History of Twins as a Criterion of the Relative Powers of Nature and Nurture ».
3. Galton pourrait bien être le premier à parler de la nature et de la *nurture* (1874) comme deux domaines séparés. Fox-Keller [2010, p. 11].
4. Les jumeaux monozygotes (MZ) sont issus d'un même œuf. Ils ont donc le même patrimoine génétique, les mêmes gènes, le même génotype ; les jumeaux dizygotes (DZ) sont issus de deux œufs distincts, c'est-à-dire

intéressants : parce qu'ils sont identiques génétiquement, on peut admettre que la singularité de chaque jumeau est due au milieu dans lequel il ou elle est élevé(e).

Y a-t-il donc une similitude entre les QI des enfants adoptés et ceux de leurs parents adoptifs ou biologiques ? Les résultats sont les suivants : les QI des enfants adoptés issus de milieux défavorisés sont le plus souvent supérieurs en moyenne à celui de leurs parents biologiques, en vertu des conditions souvent plus favorables des foyers adoptifs. Cependant, leurs QI se rapprochent moins de ceux de leurs parents adoptifs que de ceux de leurs parents biologiques !

	Corrélations de QI avec le parent biologique	**Corrélations de QI avec le parent d'adoption**
Enfants biologiques élevés par leur parent biologique	0,5	
Enfants adoptés	0,3-0,4	0,05-0,15

	Élevés ensemble	**Élevés séparément**
Corrélation QI jumeaux MZ	0,85	0,72-0,75
Corrélation QI jumeaux DZ	0,6	
Frères et sœurs	0,47	

Les corrélations de QI entre enfants et parents.
Tableau effectué à partir de LAMAT*, 1985.*

de deux ovules fécondés par deux spermatozoïdes différents. Ils n'ont en commun, en moyenne, que la moitié de leurs gènes, comme des frères et sœurs « ordinaires ».

Récemment, deux ouvrages s'appuyant massivement sur les études de jumeaux et d'enfants adoptés défendent la même thèse, à savoir le caractère *héritable* de l'intelligence[1]. L'un de ces ouvrages a été écrit par Robert Plomin, un psychologue et généticien américain fervent défenseur de la génomique personnelle, qui observe depuis près de 30 ans des couples de jumeaux : il a ainsi mené des tests sur 15 000 paires de jumeaux !

Selon ces deux ouvrages, la génétique est le facteur le plus important qui façonne les sujets que nous sommes : elle explique davantage les différences entre nous que tout autre chose. Pour Mitchell, l'auteur du second ouvrage, c'est la variation génétique affectant le développement du cerveau qui sous-tend principalement les différences *innées* dans les traits psychologiques. Pour Plomin, les différences génétiques *héritées* de nos parents au moment de la conception sont le plan *(blueprint)* qui contient notre identité. Autrement dit, le partage des gènes explique la similarité psychologique entre les personnes. Par conséquent, l'environnement familial partagé n'a qu'un effet modeste, voire négligeable, sur notre identité individuelle. Les auteurs font remarquer que les jumeaux MZ élevés séparément sont presqu'aussi similaires que s'ils avaient été élevés ensemble alors que les jumeaux DZ sont plus proches de frères et sœurs non jumeaux (50 % de similitude génétique).

Tous deux s'accordent pour affirmer que l'intelligence n'échappe pas à l'influence génétique. Ils mesurent l'héritabilité de l'intelligence à 40 %, celle de la réussite scolaire à 60 %.

---

1. L'un est écrit par un neuroscientifique et généticien, Mitchell [2018], et s'intitule *Innate. How the Wiring of Our Brains Shapes Who We are*. L'autre est rédigé par un psychologue et généticien, Plomin [2019], et s'intitule *Blueprint: How DNA Makes Us Who We Are*.

À l'inverse, les facteurs environnementaux (comme l'éducation des parents et celle donnée à l'école) comptent pour moins de 5 % dans les différences entre nous. Ainsi, la ressemblance familiale est due à notre ADN plutôt qu'à nos expériences partagées[1]. Par exemple, grandir dans une maison pleine de livres est corrélé avec un haut QI. Mais cette corrélation n'indique pas l'importance du milieu. Elle reflète plus probablement le fait que les parents avec un haut QI ont tendance à avoir plus de livres et à avoir des enfants avec un haut QI[2].

L'HÉRITABILITÉ OU LA THÉORIE GÉNÉTIQUE DE L'INTELLIGENCE EN QUESTION

Néanmoins, il nous faut commencer par souligner que le terme d'*héritabilité* est une grande source de confusion. Il est en effet courant de confondre *héritable* et *héréditaire* et de penser que l'*héritabilité* parle de ce que l'individu reçoit de ses parents par *héritage génétique*. Or, l'*héritabilité* est un terme utilisé par la *génétique des populations*. Elle concerne les populations et non les individus. Elle ne doit pas être confondue avec la transmissibilité entre parents et enfants[3].

---

1. Selon Plomin [2019], l'héritabilité augmente pendant la vie et passe de 20 % dans l'enfance à 60 % à l'adolescence. Plus on vieillit, plus on devient qui l'on est génétiquement.
2. Mitchell [2018, p. 29]. De la même manière, une aptitude pour la musique, par exemple, pourrait mener les gens à faire des entraînements musicaux, ce qui servira seulement à augmenter leur musicalité ; Mitchell [2018, p. 86]. Autrement dit, les processus de la plasticité cérébrale pourraient renforcer et même exagérer les différences initiales qui émergent à cause de la variation génétique et développementale.
3. Fox-Keller [2010, p. 12].

L'héritabilité *(heritability)* n'est pas la même chose que l'héritage *(heredity* ou *inheritance)*.

Plus précisément, l'héritabilité est un concept statistique qui mesure la variation d'un trait phénotypique existant dans une population donnée à un temps donné et se trouve corrélée avec des différences génétiques. Un caractère est *héritable* s'il varie d'un individu à un autre à l'intérieur d'une population et que sa variation est corrélée à une variation génétique (et non à une variation dans l'environnement). Quand on dit que les gènes influencent le comportement, on veut simplement dire que les différences génétiques contribuent à celles de traits comportementaux. Les chercheurs qui calculent l'héritabilité en ont bien conscience. Selon Mitchell lui-même, dire que l'héritabilité de l'intelligence est égale à 40 %, cela ne signifie pas que 40 % de la valeur de l'intelligence chez un individu vient de ses gènes. Cela signifie que parmi la population, 40 % de la variation dans l'intelligence est due à des différences génétiques[1]. Ainsi, lorsque la population est parfaitement homogène génétiquement, l'héritabilité est de 0. Le caractère qui consiste à avoir deux jambes est *génétiquement* déterminé mais son *héritabilité* est quasi nulle, les variations constatées n'étant dues qu'à des accidents[2]. Autrement dit, la recherche génétique décrit ce qui est plutôt qu'elle ne prévoit ce qui pourrait être.

Le calcul de l'héritabilité en donnant une primauté causale aux gènes repose sur le déterminisme génétique dont on a vu au chapitre précédent qu'il n'était pas tenable. Le slogan clamé par Plomin « *Our future is DNA* » reste tributaire d'une vision déterministe fortement discutable. En particulier, l'héritabilité repose sur la distinction entre deux causes du comportement,

---

1. Mitchell [2018, p. 26].
2. Hadji [1992].

l'*hérédité* d'une part, le *milieu* d'autre part. Or, cette distinction n'est pas véritablement faisable. De nombreux exemples montrent que les mêmes génotypes peuvent donner lieu à différents phénotypes en fonction de l'environnement. En l'occurrence, il est très probable que des conditions éducatives mauvaises empêchent les enfants les plus doués de développer leurs capacités intellectuelles. Dans ce cas, l'inégalité génétique n'influence que très peu la variation des aptitudes. Dans le cas des jumeaux monozygotes, l'« effet de couple » révèle un facteur important à prendre en compte dans le développement des jumeaux : la dynamique de la relation intragemellaire[1]. Si les jumeaux élevés ensemble ont un QI plus semblable que les jumeaux élevés séparément, ces résultats s'inversent lorsqu'on étudie certains traits de personnalité (comme l'extraversion ou l'anxiété). Les jumeaux MZ élevés ensemble se ressemblent moins que ceux élevés séparément ! La situation particulière « de couple » au sein de laquelle les jumeaux se trouve lorsqu'ils sont élevés ensemble crée un besoin de se différencier l'un de l'autre. Enfin, on peut prendre un autre exemple, fictif et emprunté à P. Roubertoux et M. Carlier [1978] : imaginons une population de jumeaux séparés dès la naissance et bénéficiant les uns d'un environnement défavorable, les autres d'un environnement favorable. On peut penser que le QI de chaque jumeau diffère fortement de celui de son frère ou de sa sœur en vertu de la différence de milieu socio-culturel dans lequel chacun ou chacune évolue. Mais il se pourrait fort bien aussi que le QI soit hautement héritable dans cette population, c'est-à-dire que sa variation soit corrélée à une différence génétique. Autrement dit, cet exemple montre bien qu'une héritabilité forte n'implique pas la faiblesse de l'effet du milieu.

1. Zazzo [1976].

QI des jumeaux élevés séparément	**Paire 1**	**Paire 2**	**Paire 3**	**Paire 4**	**Paire 5**	**Paire 6**	**Paire 7**	**Paire 8**	**Paire 9**
Jumeau 1 élevé dans un environnement défavorable	5	4	4	3	3	3	2	2	1
Jumeau 2 élevé dans un environnement favorable	17	16	16	15	15	15	14	14	13

Exemple fictif (Roubertoux et Carlier, 1978)
Effet massif de l'environnement compatible avec une héritabilité maximale : 1.

En outre, ce qui paraît être le même milieu pour deux sujets ne l'est jamais véritablement. Nous percevons activement, nous interprétons, nous sélectionnons, nous modifions et même créons le milieu dans lequel nous vivons. Nous vivons ainsi en un sens chacun dans des milieux différents car nous en faisons des expériences toujours singulières[1].

LE MYTHE DE L'INTELLIGENCE[2]

Plusieurs réserves peuvent également être faites à propos de l'approche scientifique de l'intelligence et de la prétention à la mesurer. Le QI propose un classement unidimensionnel des individus caractérisés par leur âge mental. Il est

1. Mitchell [2018, p. 165].
2. Larmat [1985].

établi à partir de la mesure de leurs performances dans un ensemble de tâches cognitives. On passe ainsi du niveau des performances à celui des mécanismes intellectuels de l'enfant, de ses compétences. On établit ainsi un certain profil que l'on peut comparer à d'autres. Ce mouvement d'évaluation rappelle celui exigé par la notion de compétence en pédagogie, à laquelle l'on peut reprocher de cristalliser des attentes bien précises en termes de résultats. Formulée comme un ensemble d'actions, la compétence est alors confondue avec la performance. Associée à l'efficience et au rendement, elle ne prend pas nécessairement en compte le processus et les moyens mis en œuvre pour l'atteindre. Compris ainsi, le terme de *compétence* reflète l'un de ses sens étymologiques qu'il partage avec celui de *compétition* (*cumpeto* : rechercher concurremment). Dans l'idée de compétence comme dans la mesure du QI se cache l'idée de rivalité entre les individus qui devient, dans certains cas, un obstacle à l'apprentissage. En outre, le poids émotionnel de telles assignations (dire d'un enfant qu'il est *surdoué*, ou *à haut potentiel*) mobilise les capacités attentionnelles de celui qui en est l'objet et qui sera peut-être moins disponibles pour apprendre. La notion de *don inné* contient une passivité, une automaticité, un repli sur soi qui la rendent « paresseuse » et « défaitiste », voire « idiote »[1].

En réalité, le QI mesure chez les enfants le rapport entre l'âge des performances et l'âge réel. Il n'apprécie donc pas le poids d'une capacité individuelle. Il rend compte seulement d'une « vitesse de croissance[2] ». Il présuppose alors, à tort, que le développement intellectuel se réalise de façon continue et à vitesse constante alors qu'il se fait par bons,

1. Malabou [2021, p. 22].
2. Zazzo [1992, p. 179], cité *in* Hadji [1992, p. 54].

par changements de rythme, et même par perte de capacité et appauvrissement des dispositions primitives.

Enfin, le diagnostic des enfants *à haut potentiel* repose sur des tests qui mesurent les aspects psychométriques de l'intelligence (performances verbales et logico-mathématiques[1]). La vitesse de traitement de l'information est par exemple facilement évaluable. Mais n'y a-t-il pas d'autres aspects de l'intelligence ? L'intelligence interpersonnelle et émotionnelle ou la créativité paraissent bien plus difficiles à évaluer[2]. Comment apprécier, par exemple, l'« intelligence » musicale d'une personne qui n'a jamais touché un instrument de musique ?

Pour résumer, le test de QI se présente comme une preuve de l'existence de l'intelligence, ce qu'il n'est pas ! En prétendant mesurer l'intelligence, il la présuppose comme une entité unique rassemblant en son sein l'ensemble des mécanismes intellectuels qui sous-tendent les performances. La philosophe Catherine Malabou parle ainsi de « tautologie de la réification[3] ». C'est aussi la raison pour laquelle l'intelligence mesurée par le QI est étroitement corrélée à la réussite scolaire et au statut social qu'elle prédit assez bien : les performances évaluées dans ces trois cas (QI, réussite scolaire et statut social) sont du même ordre. Ce sont des manières de raisonner, de résoudre des problèmes, de penser de façon abstraite, de saisir des idées complexes, d'apprendre rapidement et de l'expérience[4].

---

1. On peut également faire des critiques empiriques qui mettent l'accent sur la marge d'erreurs et d'approximations importantes lors des tests effectués.
2. Pellissier [2021].
3. Malabou [2021, p. 49].
4. Il s'agit de la définition de l'intelligence que l'on trouve *in* Plomin [2019].

Cependant, la notion d'intelligence renvoie en réalité à des éléments disparates qui ne sauraient se réduire aux dimensions évaluées par le QI. La plupart des psychologues reconnaissent qu'en toute rigueur il est impossible de définir *in abstracto* l'intelligence[1]. Les liens que tisse l'intelligence entre les choses peuvent être de plusieurs natures. La psychologie cognitive montre que la sélection et l'association des idées, loin d'être entièrement rationnelle, mobilise un ensemble de biais cognitifs et émotionnels. Ce polymorphisme explique sans doute les difficultés rencontrées par les psychologues à effectuer le diagnostic d'un enfant *à haut potentiel* tant les profils cognitifs des individus sont hétérogènes[2]. L'intelligence semble être plutôt « ce qui échappe aux tests[3] » ! Définir l'intelligence par un ensemble de performances mesurables, c'est donc adopter une approche réductrice de l'esprit humain. Mais c'est aussi, comme Malabou le souligne, rendre possible le classement des individus et, partant, leur surveillance et leur normalisation. On retrouve ici l'un des sens français du mot *intelligence* qui peut renvoyer aux techniques de collectes d'information ainsi que son sens anglais, qui désigne l'ensemble des réseaux informatiques de surveillance où sont rassemblées et stockées les données du renseignement.

---

1. Hadji [1992, p. 53].
2. En effet, les scores élevés à certains tests (tests verbaux, tests de raisonnements inductifs, etc.) ne s'accompagnent pas toujours de scores élevés dans des tâches qui demandent, par exemple, une production motrice chronométrée (écrire, assembler, etc.). Les enfants dits *à haut potentiel* peuvent d'ailleurs être atteints des mêmes troubles de l'apprentissage que les autres (les troubles « Dys »).
3. Morin, cité *in* Malabou [2021, p. 59].

MESURER L'INTELLIGENCE N'EST JAMAIS NEUTRE

Les psychologues se défendent de telles dérives. Les tests d'intelligence ont été conçus au départ pour expliquer l'échec scolaire et pour être utilisés dans le cadre strict d'examens cliniques individuels. Le diagnostic des enfants *à haut potentiel* serait là uniquement pour les aider à identifier et à affronter leurs difficultés. La preuve en est qu'ils ne sont pas réalisés sur tous les enfants, mais seulement sur ceux dont les parents en expriment le besoin[1]. Binet, l'un des inventeurs de l'échelle métrique de l'intelligence n'a jamais suggéré que son test était la mesure d'une caractéristique fixe ou *innée* de l'enfant[2]. Il s'agissait pour lui de repérer les élèves qui ne réussissaient pas à l'école primaire pour cause d'insuffisance intellectuelle, afin de les orienter vers des classes spéciales, de perfectionnement.

Mais un test d'intelligence peut-il être un instrument de mesure neutre, à simple valeur pédagogique ? Mesurer l'intelligence c'est fabriquer des sujets *intelligents* aussi bien que des sujets *débiles*. La mesure implique la hiérarchisation des individus et donc la potentielle inégalité de traitement. La mesure de l'intelligence ne véhicule-t-elle pas toujours des présupposés idéologiques ? Si l'on regarde les polémiques à laquelle elle a donné lieu, bien plus idéologiques que scientifiques, il nous est permis d'en douter.

Galton est en effet l'inventeur du terme *eugénisme* (du grec ancien *eu*, « bien », et *genos*, « naissance »). Selon lui, ce qui advient aux individus durant leur existence (leur hygiène de vie ou leur éducation, par exemple) n'a aucun effet sur

---

1. Anne BARGIACCHI [2021], médecin psychiatre, « Enfants à haut potentiel, un phénomène de société », *in Être et savoir*, France culture, 18 octobre 2021.
2. LEWONTIN, ROSE et KAMIN [1984 p. 7] ; MALABOU [2017].

le matériel héréditaire qu'ils transmettent. De manière plus précise, les enfants tendent à ressembler au type moyen de la race. Galton suppute alors que des mariages judicieux pendant quelques générations successives permettraient de lutter contre la dégradation de la nature humaine. Le seul moyen d'améliorer la population est par conséquent d'encourager la natalité des élites et d'empêcher celle des déficients. C'est bien ce qu'ont tenté de faire, par exemple, les lois de stérilisation, aux États-Unis, des criminels récidivistes, des épileptiques et des malades mentaux (1907-1917). L'intervention de la théorie de l'évolution dans la psychologie coïncide alors avec l'émergence de l'eugénisme : pourquoi la société n'intensifierait-elle pas la sélection au lieu de la suspendre ? Une théorie sélectionniste de l'esprit semble donc contenir en elle la possibilité de le manipuler au service du mythe d'une race humaine idéale.

Depuis Galton, un mouvement *héréditariste* s'est développé qui revendique l'hérédité de l'intelligence et sa distribution inégalitaire dans la société. L'intelligence serait déterminée par les gènes, peu ou pas modifiable. Les sujets seraient plus ou moins *intelligents* ou *stupides* en vertu de leurs potentialités *innées* (leur patrimoine génétique) associées à des conditions plus ou moins favorables dans lesquelles elles peuvent s'épanouir. L'intelligence serait comme la couleur de la peau, qui dépend du patrimoine génétique ainsi que de l'exposition au soleil[1].

Selon les héréditaristes, il existe des limites génétiques à ce qu'il est possible d'entreprendre pour améliorer le niveau et les performances des individus ou groupes. En 1969, le psychologue américain Jensen défend dans un article qui a eu

---

1. Lamat [1985, p. 61-81].

un grand retentissement l'idée selon laquelle la différence de performance lors des tests de QI entre les Noirs et les Blancs est génétique[1]. Il en conclut qu'aucun programme éducatif ne saurait permettre aux Noirs d'accéder à un statut social égal à celui des Blancs. Selon Jensen, les Noirs sont prédisposés par leurs gènes à accomplir des tâches uniquement mécaniques ! Si l'individu est enfermé dans son programme génétique, l'intervention éducative est évidemment vide de sens. Ainsi, les « héréditaristes » soutiennent des positions sociales conservatrices, voire carrément racistes. Ils défendent une pédagogie élitiste et ségrégative. Ils sont sceptiques à l'égard de toutes les tentatives pour réduire les inégalités observables (et donc opposés aux dépenses sociales), quand ils ne sont pas explicitement eugénistes.

Certains se sont bien sûr opposés à cette théorie (que l'on peut regrouper sous le nom d'*environnementalistes* même s'ils appartiennent à des courants de pensée très différents[2]) en affirmant au contraire que l'intelligence du sujet tient à l'environnement (plutôt qu'à son patrimoine génétique) dans lequel il a grandi. L'action pédagogique est capable, selon eux, d'infléchir le développement de l'enfant dans une bonne direction. Les *environnementalistes* militent alors pour une éducation ouverte à tous, une école démocratique. Ils s'engagent dans la mise en œuvre de politiques éducatives ou sociales pour lutter contre les inégalités de capacités. Ils contestent alors fortement la validité du QI comme mesure de l'intelligence : les tests ne sont pour eux qu'une expression de la culture de la classe moyenne blanche, « non seulement par le contenu

---

1. Jensen [1969].
2. Cette controverse a été très vive aux États-Unis et en Angleterre.

des épreuves mais par l'idée d'une hiérarchie des aptitudes qui seraient propres à notre culture[1] ».

On s'aperçoit ainsi que la question de l'hérédité de l'intelligence est chargée idéologiquement, à tel point que, comme dans toute idéologie, les mêmes données scientifiques sont susceptibles d'étayer des convictions contradictoires. C'est ce qui se passe avec certains *héréditaristes* actuels qui semblent avoir « changé de camp ». Si, comme le résume prosaïquement le biologiste Gouyon, traditionnellement « l'environnement, c'est de gauche » et « les gènes c'est de droite[2] », il existe aujourd'hui un héréditarisme de gauche. Plomin formule explicitement son système de valeurs orienté vers « une société juste ». Pour lui, le fait que l'ADN façonne les individus que nous sommes délivre « un message libérateur ». Le déterminisme génétique qu'il défend invite à plus de tolérance envers notre « moi génétique » et envers celui des autres, en particulier celui de nos enfants. Dans la mesure où l'éducation (reçue des parents, de l'école, des expériences) ne fait pas une différence majeure dans notre identité, les parents ne devraient pas chercher à « aller contre le grain ». Les parents qui ne peuvent pas se permettre de payer des écoles privées doivent se rassurer : cela ne fait pas de différence dans la réussite scolaire de leurs enfants. Au lieu d'essayer de façonner nos enfants à notre image, nous devrions les aider à trouver ce qu'ils aiment faire et ce en quoi ils sont compétents. En d'autres termes, « on peut les aider à les faire devenir qui ils sont ». La génomique personnelle est alors une promesse pour l'avenir, celle de repérer certains dysfonctionnements

---

1. Lemaine *et al.* [1985].
2. Conférence de P.-H. Gouyon du 2 décembre 2015, « L'inné et l'acquis sous l'angle de l'épigénétique », TEDxLaRochelle, <https://www.youtube.com/watch?v=8l9yHBoPtKw>.

ou aptitudes exceptionnelles afin de nous donner la possibilité d'offrir à tous une éducation personnalisée.

LES RÉSONANCES PÉDAGOGIQUES DE L'*INNÉ*

Le débat sur l'hérédité de l'intelligence n'est pas étranger à la question de savoir si l'intelligence est *innée*. Certains protagonistes identifient explicitement *héritable* et *inné*[1] ; d'autres refusent cette équation[2]. Dans les deux cas, néanmoins, un argument revient de façon récurrente : l'*inné* concerne l'espèce plutôt que l'individu. Le terme *inné*, pour le célèbre éthologue Konrad Lorenz, renvoie en effet au « programme normal du comportement de l'espèce[3] ». L'*inné* serait alors ce qui est commun aux individus. Pour Plomin, il désigne les caractéristiques universelles importantes d'un point de vue évolutif, qui ne varient pas, programmées par les 99 % de gènes qui ne diffèrent pas entre nous (comme le fait d'avoir deux jambes).

Comment dès lors le débat sur l'*inné* traite-t-il de la question des différences individuelles ? Si les capacités *innées* sont les mêmes pour tous, comment expliquer que les individus puissent différer à ce point entre eux, que certains, par exemple, maîtrisent mieux la langue que d'autres au point d'être de brillants orateurs, des polyglottes, des écrivains, des linguistes quand d'autres peinent à s'exprimer de façon fluide et convaincante ? Pour rendre compte des différences individuelles dans la maîtrise de la langue, Chomsky propose une distinction éclairante entre les compétences

1. Mitchell [2018].
2. Plomin [2019].
3. Lorenz [1974, p. 14].

et les performances[1]. La compétence grammaticale est la connaissance tacite de la grammaire que possède de façon *innée* tout locuteur et qui le rend capable d'apprendre la ou les langue(s) de la communauté dans laquelle il évolue. La performance désigne le comportement verbal observable, les différentes phrases et énoncés linguistiques qu'un locuteur prononce effectivement. Ainsi, ce sont dans les performances langagières que se révèlent les disparités entre les individus. Et celles-ci sont dues, pour Chomsky, à des facteurs accidentels comme l'attention, la fatigue, certaines idiosyncrasies et autres défauts articulatoires personnels. Tous les individus possèdent en revanche la même disposition *innée* à développer le langage qui se caractérise par sa générativité : quelles que soient leurs performances, ils sont capables de produire et de comprendre un nombre *indéfini* d'énoncés qui ont un sens. La distinction compétence/performance peut ainsi valoir dans tous les domaines « de base » : les individus sont dotés des mêmes compétences, c'est-à-dire des mêmes capacités et dispositions *innées* à percevoir et à catégoriser le monde, à élaborer des jugements moraux, à attribuer des pensées à autrui, etc. Les différences d'habileté, d'acuité, de sagacité entre les individus dans leur perception, catégorisation, attribution, élaboration seront des différences de *performances*.

Il est alors intéressant de constater que l'innéiste Chomsky reconnaît l'importance cruciale du *milieu* sur les performances des individus, ce qui lui permet de formuler une critique virulente de l'éducation à l'école qu'il qualifie d'endoctrinement. Pour lui, l'éducation doit permettre aux élèves de découvrir les choses par eux-mêmes et susciter ainsi le

---

1. Chomsky [1965].

désir d'apprendre et l'amour du savoir. Le langage, qui ne peut être appris à strictement parler, ne peut réellement être enseigné. L'enseignant doit établir les conditions dans lesquelles il peut se développer au mieux et la nature humaine s'épanouir. Chomsky propose ainsi une éducation humaniste et critique qui laisse libre cours à la créativité, à la liberté et à l'épanouissement personnel. L'innéisme auquel il adhère se prolonge donc par une approche humaniste de l'éducation et une dénonciation du recours à l'autorité[1].

Cependant, ses opposants vont considérer que la distinction entre compétence et performance ne suffit pas pour prendre en compte l'importance du milieu. Traditionnellement, ce sont les empiristes qui se sont davantage préoccupés de pédagogie. Par exemple, le philosophe Locke attribuait une responsabilité importante aux éducateurs, notamment en matière de morale[2]. Si l'enfant vient au monde vierge de toute influence, dénué de toute notion de bien et de mal, il sera nécessaire de les lui inculquer en montrant leur nécessité pour la vie harmonieuse en société.

Ainsi, innéistes et empiristes vont diverger sur la façon d'organiser le milieu le plus propice à l'apprentissage et sur le degré d'intervention dont le pédagogue doit faire preuve. Pour schématiser, on pourrait résumer comme suit : les uns proposent de laisser faire la nature de l'enfant ; les autres insistent sur la nécessité de la transmission.

---

1. On retrouve ici le débat bien connu sur le rôle de l'autorité à l'école. Celle-ci doit-elle contraindre l'enfant ou laisser la « nature » de celui-ci s'exprimer ? Une tradition de penseurs (de Arendt à Gauchet) dénonce à l'inverse le refus de l'autorité qui, sous couvert de culte de l'enfant, revient à l'abandonner à lui-même (et à ses déterminations) ainsi qu'à se détourner de la responsabilité du monde dans lequel il évolue.
2. Locke [1693].

Néanmoins, dans les deux cas, le risque est de permettre une certaine passivité du sujet qui soit attend que le contenu se déroule « en lui », sans effort, soit se contente d'ingurgiter, d'enregistrer ou d'imiter ce qu'il voit. Ce risque provient d'une même vision de l'apprentissage qui présuppose son contenu comme préexistant, soit dans l'esprit de l'enfant, soit dans l'environnement (ou l'esprit du pédagogue). L'apprentissage est tantôt vu comme une maturation de l'intelligence, tantôt comme un processus *prédéfini* de transvasement d'un savoir préexistant d'une génération à une autre. Il manque alors les dimensions d'appropriation et de construction propres à l'acte d'apprendre.

	Pédagogie	**Individu**
Innéisme	Laisser-faire	Passif
Empirisme	Interventionnisme	Passif

La conception de la pédagogie et de l'individu dans l'innéisme et l'empirisme.

Or, apprendre, c'est *construire* une connaissance, un savoir-faire ou une compétence à travers des expériences vécues d'interaction avec le monde. Autrement dit, l'apprenant co-construit ses compétences avec son milieu et participe ainsi à l'émergence de ses propres *potentiels*. D'une part, il est lui-même affecté par le milieu avec lequel il interagit et donc en évolution constante. C'est ce qui fait qu'on ne comprend pas les mêmes choses de la même manière à différents moments de notre vie. C'est ce qui fait également qu'il est impossible de définir l'état final d'un apprentissage de façon pleinement satisfaisante – à l'instar de l'état initial du développement, nous n'avons jamais fini d'apprendre. D'autre part, le milieu est aussi en mouvement et il est sans cesse modifié par l'apprenant lui-même. S'ajoute à cela le fait que la trajectoire développementale est différente pour chacun : certains enfants apprennent à marcher, à parler et à faire bien d'autres choses avant les autres. Il y a donc plusieurs manières d'apprendre les mêmes choses, si tant est qu'on apprenne véritablement des « mêmes choses ». Par exemple, certains enfants autistes sont capables d'apprendre le langage alors même que l'apprentissage des mots semblent nécessiter ordinairement ce dont ils sont dépourvus, en l'occurrence la capacité à être engagé dans des scènes d'attention partagée[1].

À la lumière de ces éléments, on peut ainsi dire que tout apprentissage doit d'abord être pensé comme une expérience vécue d'interactions avec le monde et les autres, et toute éducation comme une participation à la vie sociale, une ouverture à l'altérité, une attention à la singularité de chacun. L'*intelligence* n'est jamais donnée au départ, mais elle se construit par une mise en commun des expériences[2] et elle est multiple[3]. Pour reprendre les termes de Malabou, elle est « un ensemble de dispositions exposées, fragiles, ouvertes, contingentes en leur organisation topologique et qui ne répondent à aucune prédestination ou plan[4] ». Elle apparaît comme le résultat de situations collectives. Il importe ainsi pour le pédagogue de créer une atmosphère propice à l'apprentissage. Ceci ne signifie pas nécessairement qu'il faille s'adresser à tout le monde de la même manière et donner les mêmes activités à tous. Chaque élève a droit à une attention particulière à l'expérience qu'il est en train de vivre qui puisse lui donner confiance et la possibilité d'exprimer sa façon singulière

1. Baron-Cohen *et al.* [2009] ; Diesendruck [2007].
2. Ingold [2018].
3. Gardner [1983].
4. Malabou [2021, p. 106].

d'apprendre. L'individualisme, la rivalité, l'uniformisation, parce qu'ils nuisent à la mise en place d'un collectif propice à l'apprentissage, nuisent à la construction de l'*intelligence*.

RETOUR SUR LA NOTION DE POTENTIEL

Si l'*inné* est un *potentiel*, la comparaison entre les bagages *innés* des individus n'a aucun sens. En effet, la notion de *potentiel* ne doit pas être entendue comme un stock fini de performances que l'on pourrait exploiter, recenser ou comparer. Le *potentiel* est comme la compétence au sens de Chomsky : il est génératif, source d'un nombre indéfini de potentialités. Il est indéterminé : il ne se révèle qu'à travers ses manifestations (les performances) et dans des situations particulières et donc grâce aux autres. Il n'y a aucune raison de penser qu'il est fixe : il peut varier, augmenter ou diminuer pendant la vie et en fonction des contextes. Il est ainsi impossible à délimiter de façon définitive pour chacun.

Le terme de *potentiel* est donc intéressant à condition de ne pas l'assimiler à une téléologie interne qui ferait que le sujet concerné devient ce qu'il *doit* devenir. Le *potentiel* est plutôt à penser comme une pluralité indéterminée et désigner des capacités, ou dispositions à acquérir d'autres capacités, susceptibles de varier en fonction des actions du sujet et des circonstances. Autrement dit, le *potentiel* ne doit pas être adossé à une conception idéologique de la réalisation de soi qui voudrait que l'individu devrait nécessairement réaliser « tout son potentiel ». Il n'y a en outre aucune raison de croire en une harmonie entre les différentes potentialités de l'individu qui peuvent même s'exclure les unes les autres. Il est difficilement imaginable d'être être la fois un virtuose du piano et un champion de France de boxe[1]. Il n'y a aucune raison non plus de penser que toutes les potentialités sont bénéfiques pour l'individu : certaines potentialités méritent d'être inhibées. L'attribution d'un *potentiel* est alors toujours contextuelle à double titre : elle dépend du contexte où il se manifeste et des attributions portant sur des potentiels antérieurs rendant possible cette manifestation.

Ce chapitre s'est attaché à révéler la confusion entre *inné* et *héritable* qui nourrit une vision réductrice (réifiante, mesurable) de l'intelligence et ses incidences sur la pédagogie. Il a défendu une approche collective et située des compétences individuelles.

1. Le Du [2009].

BIBLIOGRAPHIE

BARON-COHEN S., S. WHEELWRIGHT S. et T. JOLLIFFE, 2009. « Is there a "language of the eyes"? Evidence from normal adults and adults with autism or asperger syndrome », *Visual Cognition* 4, p. 311-331.

CAROFF X., 2004. « L'identification des enfants à haut potentiel : Quelles perspectives pour l'approche psychométrique ? », *Psychologie française* 49, p. 233-251.

CHOMSKY N., 1965. *Aspects of the Theory of Syntax*, Cambridge, MA, MIT Press.

DIESENDRUCK G., 2007. « Mechanisms of word learning », *in* E. HOFF et M. SHATZ (éd.), *Blackwell Handbook of Language Development*, Blackwell Publishing, p. 257-276.

FOX-KELLER E., 2010. The Mirage Of A Space, between Nature and Nurture, Durham, NC, Duke University Press.

GARDNER H., 1983. *Frames of Mind: A Theory of Multiple Intelligences*, New York, Basic Books.

GRÉGOIRE J., 2012. « Les défis de l'identification des enfants à haut potentiel », *A.N.A.E.* 119, p. 419-424.

HADJI C., 1992. *Penser et agir l'éducation : de l'intelligence du développement au développement des intelligences*, Paris, ESF éditeur.

INGOLD T., 2018. *L'anthropologie comme éducation*, Rennes, PUR.

JENSEN H., 1969. « How much can we boost I.Q. and scholastic achievement? », *Educ. Rev* 1, 87, 39.

LAMAT J., 1985. « L'intelligence est-elle héréditaire? (bis) », *Raison présente* 76, p. 61-81.

LE DU M., 2009. « Le potentiel : enjeux et logique d'un concept », *Le Télémaque* 2, 36, p. 85-100.

LEMAINE G., B. MATALON, M. CLÉMENÇON, A. GOMIS et G. RAMUNNI, 1985. *Hommes supérieurs, hommes inférieurs ? La controverse sur l'hérédité de l'intelligence*, Paris, Armand Colin.

LOCKE J., 1693. *Quelques pensées sur l'éducation*, Hachette, trad. 1882.

LORENZ K., 1974. *Évolution et modification du comportement*, Paris, Payot.

MITCHELL K., 2018. *Innate, How the Wiring of Our Brains Shapes Who We Are*, Princeton, Princeton University Press.

MALABOU C., 2021. *Métamorphoses de l'intelligence : du QI à l'IA*, Paris, PUF.

PELLISSIER J., 2021. *La Fabrique des surdoués*, Paris, Dunod.

PLOMIN R., 2019. *Blueprint: How DNA Makes Us Who We Are*, Boston, MA., MIT Press.

ROUBERTOUX P. et M. CARLIER, 1978. « Intelligence: individual differences, genetic factors, environmental factors and interaction between the genotype and the environment (author's transl) », *Annales de Biologie Clinique* 36, 2, p. 101-112.

ZAZZO R., 1976. « The twin condition and the couple effects on personality development », *Acta geneticae medicae et gemellologiae: twin research* 25, 1, p. 343-352.

VII

POUR UN CONCEPT OUVERT DE NATURE HUMAINE

> « Il n'y a rien de plus pervers dans la nature que notre idée de nature humaine. C'est une invention culturelle, purement et simplement. »
>
> M. SAHLINS, *La Nature humaine, une illusion occidentale*, 2008/2009, p. 98

On a beaucoup reproché à *l'inné* d'être un terme réactionnaire qui enferme irrémédiablement l'individu dans des prédispositions héritées de ses ancêtres et la nature humaine dans des caractéristiques immuables et figées. La conception de *l'inné* comme *potentiel* que je défends, implique de refuser la définition essentialiste et anti-darwinienne de *l'inné* que dénoncent à juste titre certains philosophes contemporains[1]. La notion d'espèce a affronté les mêmes critiques. En effet, depuis Darwin, l'espèce n'est plus considérée comme une catégorie fixe et éternelle. Elle se définit plus modestement comme une population interféconde engagée dans un processus dynamique où les versions des gènes se modifient en

---

1. GRIFFITHS [2002] ; MAMELI et BATESON [2006] ; OYAMA [2000] ; voir aussi LEHRMAN [1953] ; ELMAN *et al.* [1996] ; GOTTLIEB [2001].

permanence. L'espèce est une communauté reproductive transitoire, vouée à disparaître lorsque les conditions changent de façon trop importante. Cette analyse doit être poursuivie par une approche critique de la nature humaine et de *l'inné*.

Les questions de *l'inné* et de la nature humaine sont étroitement liées. En effet, *inné* est souvent utilisé comme synonyme de *naturel*. *L'inné* serait ce qui révèle la nature profonde de chaque être et en particulier de l'humain, lorsqu'on lui enlève tout artifice ou toute culture. Supposer l'existence d'une nature humaine ou de *l'inné* revient le plus souvent à associer à l'humain une essence immuable dotée de caractéristiques fixes. Dès lors, renoncer à l'approche essentialiste de *l'inné* implique de renoncer à l'approche essentialiste de la nature humaine, ce qui n'est pas chose aisée.

Penser la nature humaine revient à se confronter à un dilemme : soit l'être humain se pense comme une exception dans la nature et au sein du vivant, soit il se pense en continuité avec la nature et le vivant[1]. L'accent est mis tantôt sur les capacités propres à l'humain, comme le langage, l'humour, la pensée abstraite ou l'innovation technologique, tantôt sur les capacités communes que l'homme partage avec les animaux. L'être humain est en effet le seul être à faire du feu, à construire des roues, à diagnostiquer des maladies, à communiquer à l'aide de symboles, à risquer sa vie pour ses idéaux[2]. Mais il est, *en même temps*, une espèce de *primates* parmi d'autres.

1. Même si ces débats peuvent avoir lieu au sein d'une même discipline, il est intéressant de remarquer que certaines sciences ont d'avantage tendance à adopter une position discontinuiste (comme la psychologie ou linguistique par exemple) et d'autres une position continuiste (comme les neurosciences ou la théorie de l'évolution).
2. Bickerton [2010, p. 8].

L'exemple du langage, capacité éminemment singulière de l'homme, permet d'illustrer cette oscillation incessante entre continuisme et discontinuisme. Tantôt, les chercheurs insistent sur la césure qu'il représente et le voient comme un don exotique et énigmatique, tantôt ils vont considérer les systèmes de communication des animaux comme précurseurs du langage, qui se voit défini alors comme un outil simple et utile sélectionné pour une raison bien précise.

Ces deux attitudes partagent en réalité la même vision de la nature humaine : l'être humain est déterminé biologiquement, grâce à son bagage *inné*, à être ce qu'il est.

Mais elles partagent aussi la même posture de dénigrement vis-à-vis du reste de la nature. Dans l'une, la *différence de nature* justifie une attitude surplombante envers une nature dont l'être humain peut disposer à son gré, qu'il peut transformer et modifier. Dans l'autre, la *différence de degré* instaure la nécessité pour l'être humain de toujours s'élever au-dessus du reste de la nature, tout en ne pouvant défaire complètement en lui les traces de celle-ci (son animalité bestiale), tandis que les autres êtres ne sont que des tentatives ratées de s'élever au rang de l'humanité. Dans le meilleur des cas, la nature humaine permet de transcender les instincts bestiaux par sa rationalité et sa créativité. Dans le pire des cas, elle ne fait qu'habiller ces derniers d'un vernis culturel soi-disant rationnel et « civilisé ». Dans les deux cas, une certaine forme de domination et le droit du plus fort semblent légitimés.

Concevoir l'*inné* comme *potentiel* permet à mes yeux d'éviter ces deux dérives et de proposer un concept plus ouvert de nature humaine.

LA VARIABILITÉ AU CŒUR DE L'HUMAIN

Sont souvent associées à la nature humaine les notions d'immuabilité, de stabilité ou d'invariance. La sociobiologie et une certaine mouvance de la psychologie évolutionniste en font une structure unique, universelle, invariante, *innée* au sens de programmée génétiquement[1]. Fruit d'adaptations biologiques universelles, cette structure sous-tendrait les différents types psychologiques observables dans les populations humaines. Selon cette approche, le génome humain qui constitue la nature humaine aurait été sélectionné chez nos ancêtres chasseurs-cueilleurs du Pléistocène, période de grande stabilité environnementale, en vertu des avantages (en termes de survie et de reproduction) que ce génome leur aurait procurés. C'est pendant cette période que le cerveau humain aurait développé des mécanismes spécifiques (des modules) pour résoudre les problèmes particuliers auxquels nos ancêtres ont dû faire face, comme se procurer de la nourriture, déjouer les menaces agressives, trouver un partenaire pour se reproduire, éduquer un enfant, etc. En vertu du temps long de l'évolution, la nature humaine serait donc parfaitement adaptée au mode de vie et à l'environnement de nos ancêtres.

Au-delà du caractère dérangeant de l'idée selon laquelle « notre cerveau date de l'âge de pierre[2] », on peut constater qu'une telle approche embrasse le déterminisme génétique en considérant les gènes comme les causes principales de notre humanité – dont on a montré dans les chapitres précédents

---

1. La sociobiologie est une discipline qui cherche les bases biologiques du comportement social. La psychologie évolutionniste cherche à appliquer la théorie de l'évolution à la psychologie humaine.

2. Tooby, Cosmides et Barkow [1992].

qu'il était intenable et sur lequel nous ne revenons pas. C'est la vision figée et homogène de la nature humaine que nous voulons questionner ici.

Ce qui semble caractériser au plus haut point l'espèce humaine, peut-être plus que toute autre espèce, est la variabilité et non l'homogénéité. Cette variabilité s'exprime autant au niveau génétique qu'au niveau phénotypique. D'une part, ce qu'on appelle le polymorphisme génétique autorise la coexistence au sein de l'espèce humaine de différences génétiques (dues à des mutations génétiques). D'autre part, l'humanité se caractérise par sa plasticité phénotypique : les mêmes gènes s'expriment différemment en fonction des contextes. Les sujets humains diffèrent de façon significative les uns des autres, que ce soit physiquement ou psychologiquement. On peut prendre l'exemple des différences de personnalités, ainsi que le souligne le philosophe Buller : il y a une coexistence dans les sociétés humaines de sujets plus ou moins opportunistes ou investis sincèrement, plus ou moins extravertis ou introvertis, plus ou moins machiavéliques[1]. La variabilité est également culturelle. Il semble en effet exister une infinité de mœurs humaines possibles[2]. On peut prendre l'exemple des Bajau, peuple d'Asie du Sud-Est qui a développé une physiologie particulièrement adaptée au temps qu'il passe sous l'eau[3]. Il suffit aussi de penser à la variabilité historique pour mesurer l'ampleur de la créativité humaine qui semble sans limite (en particulier au regard de l'évolution technologique) et qui modifie en permanence et en profondeur le milieu humain.

1. Buller [2005].
2. Décrite *in* Ruth [1950].
3. Abrahamsson et Schagatay [2014].

On peut même aller plus loin. Selon la théorie de la construction de niche, de nombreuses espèces (si ce n'est toutes), et l'espèce humaine en particulier, n'évoluent pas seulement en vertu de conditions environnementales indépendantes d'elles et dont elles ne sont pas responsables (climatiques ou géographiques). Elles évoluent aussi en vertu des modifications qu'elles font elles-mêmes subir à leur milieu[1]. Ces modifications influent sur les pressions sélectives qui agissent en retour sur elles. Ainsi, c'est en façonnant eux-mêmes leur milieu que les humains sont devenus ce qu'ils sont aujourd'hui. C'est la raison pour laquelle il est, répétons-le, impossible de penser l'individu comme une entité indépendante. Ainsi, les organismes construisent leur propre niche écologique qui leur permet de prospérer (et même de faire prospérer d'autres espèces). Pour prendre l'exemple privilégié par Darwin et décrit par Bickerton, le ver de terre qui a commencé son existence en mer a adapté son environnement terrestre pour pouvoir y prospérer : il a profondément transformé le sol en exsudant des quantités de mucus, de façon à en faire un endroit malléable dans lequel il lui est possible de creuser des tunnels. Il a ainsi mélangé des composés organiques et inorganiques afin de se nourrir et ses excréments ont enrichi les sols, pour le plus grand plaisir des plantes, insectes et jardiniers[2]. La niche écologique se définit aussi bien par l'endroit où l'organisme vit que par ce qu'il y fait (et notamment par les moyens qu'il met en œuvre pour se procurer de la nourriture). Ainsi, si l'on regarde les modifications de la niche écologique dans laquelle a évolué le genre *Homo* (terrestre omnivore, recherche de restes bas de gamme, recherche de restes haut de gamme, chasse et

---

1. Bickerton [2010, p. 104].
2. Bickerton [2010, p. 112].

stockage, communautés, agriculture, urbanisme, industrie), il paraît absurde de penser que les populations humaines n'ont pas évolué depuis le Pléistocène[1].

En vertu du processus de rétroaction perpétuelle qu'est la construction de niche, le changement de comportement peut donc être à l'origine de l'évolution d'une espèce. Comme le rappelle Bickerton : « Plus souvent qu'on ne le pense, les comportements se modifient, puis les gènes mutent pour emboîter le pas[2]. » La biologiste West-Eberhard rappelle que la nouveauté dans l'évolution est nécessairement une nouveauté *développementale*, qu'elle soit due à une mutation ou à un changement dans l'environnement ou dans la niche[3]. En outre, la théorie de la construction de niche montre que le temps de l'évolution n'est pas nécessairement long. L'évolution par sélection naturelle peut elle-même avoir lieu très rapidement (en 18 générations !). Il faut penser l'évolution comme une alternance de changements rapides et de périodes de stabilité.

En tout état de cause, la théorie de l'évolution n'est pas une théorie du résultat, mais une théorie du processus : aucun produit fini n'existe dans la nature[4]. Qu'a montré Darwin, en effet, si ce n'est la fluctuation et la contingence de la notion d'espèce ? Les espèces biologiques dans le sens évolutif sont spatio-temporellement restreintes par des relations historiques

---

1. Bickerton [2010, p. 121]. Ainsi, depuis le Pleistocène ont vécu un certain nombre d'espèces différentes, comme *Homo habilis*, puis *Homo erectus*, *Homo heidelbergensis*, *Homo ergaster*, *Homo antecessor*, *Homo helmei*, *Homo rudolfensis*, *Homo floresiensis*, et bien sûr *Homo sapiens*, dont on ne sait pas si ce sont vraiment des espèces distinctes et comment se sont passées réellement les spéciations ou le passage de l'une à l'autre.
2. Bickerton [2010, p. 107].
3. West-Eberhard [2003]. C'est donc selon elle toujours le phénotype qui est à l'origine d'une évolution nouvelle.
4. Buller [2005].

qui découlent de la descendance (relations généalogiques). Autrement dit, il n'y a pas de conditions suffisantes et nécessaires pour appartenir à *Homo sapiens* ; il suffit d'être relié généalogiquement à *Homo sapiens* pour être un humain.

Ainsi, tous ces éléments sont compatibles avec une conception de l'*inné* comme *potentiel* indéterminé. Ils montrent aussi que l'*inné* ne peut être défini comme ce qui est le fruit d'une adaptation, c'est-à-dire comme ce qui a été spécialement recruté par la sélection naturelle pour favoriser la survie et la reproduction[1], contrairement à ce que suggère l'approche essentialiste de la nature humaine. Les *potentiels* humains peuvent en effet apparaître de différentes manières, comme des adaptations biologiques directes ou comme des effets secondaires d'autres adaptations. Chez l'humain, la capacité à développer un menton est *innée*, mais n'est pourtant pas considérée comme une adaptation biologique ; elle est vue comme un effet secondaire de l'évolution de la mâchoire. Bien sûr, les *potentiels* humains ont dû *évoluer* d'une manière ou d'une autre et ils évolueront sans doute encore, mais cela n'implique pas nécessairement qu'ils aient tous été spécifiquement *recrutés* en fonction de leur utilité directe pour la survie et la reproduction. Ce n'est pas parce qu'une compétence existe qu'elle a nécessairement été sélectionnée *telle quelle* dans le passé.

L'utilisation systématique de la sélection naturelle comme principe explicatif est pernicieux, car elle revient à en faire un processus téléologique, ce que la sélection naturelle n'est pas[2]. Faire de la nature humaine un ensemble d'adaptations psychologiques revient à affirmer que toutes nos compétences

1. C'est la définition classique de l'adaptation biologique donnée par exemple par Sober [1994].
2. Darwin [1872].

seraient optimales pour favoriser notre survie et notre reproduction. Non seulement c'est faux, l'évolution ne vise pas toujours le meilleur, comme on le voit avec la dégradation que nous faisons drastiquement subir à notre niche écologique. Mais cela revient en outre à poser un ordre de la nature, une raison d'être de l'évolution[1], ce à quoi Darwin s'oppose explicitement. Les compétences humaines ne sauraient être pensées, ni aujourd'hui ni hier, comme des solutions optimales à des problèmes spécifiques posés par le milieu. L'humain est donc (au même titre que tout être vivant) une mosaïque de caractères dont certains sont des structures héritées, résultantes fortuites du rapport de l'ontogenèse à la phylogenèse, d'autres des adaptations, d'autres encore d'anciennes adaptations.

L'ESSENTIALISME, UN INSTRUMENT DE LÉGITIMATION

Le recours à la nature humaine comprise comme fond *inné* et immuable de l'espèce humaine ne peut être qu'idéologique. Il devient alors, sciemment ou non, instrument de légitimation. La nature humaine permettrait de définir ce qu'est un humain *normal* en érigeant au statut d'ordre naturel des normes particulières. Elle nous ferait passer insensiblement – et souvent à notre insu – de la *normalité* comprise comme conformité à *la norme en vigueur* à la *normalité* comprise comme *incarnation d'un véritable ordre naturel*[2].

Pour exemple, voici l'un des récits que certains partisans de la vision essentialiste de la nature humaine racontent à propos des hommes et des femmes : selon eux, nos ancêtres étaient confrontés au problème de la recherche d'un(e) partenaire

1. Buller [2005].
2. Hoquet [2016].

pour assurer leur descendance et maximiser leur chance de reproduction. Or, selon cette approche, ces problèmes se posaient dans le passé différemment pour les hommes et les femmes. Les hommes ancestraux, ayant un investissement reproductif à court terme, étaient confrontés au problème de savoir comment accéder au plus de femelles fertiles possibles. Les femmes ancestrales, elles, faisaient face au problème de la sécurisation des ressources qui leur permettent de prendre en charge leur progéniture. La sélection naturelle aurait ainsi recruté des gènes favorisant certaines préférences dans le choix d'un(e) partenaire, propres à chaque sexe et opérant encore aujourd'hui : les hommes seraient dotés d'un module (un mécanisme spécialisé) de détection des signes de fertilité chez les femmes (comme la jeunesse), et les femmes d'un module de détection des signes de la capacité à fournir des ressources chez les hommes (comme le statut social élevé). Pour le dire simplement : notre espèce serait ainsi faite que les hommes préfèrent les femmes jeunes et les femmes les hommes puissants[1] !

Il apparaît évident que ce récit sert à « garantir » une base biologique à une asymétrie dans les investissements parentaux relatifs, à « justifier » l'attrait de certains hommes pour la jeunesse et de certaines femmes pour le pouvoir. Ce faisant, il proclame l'universalité de certaines catégories sociales, en particulier celles liées au sexe, au genre, à la famille et au mariage[2] en les naturalisant. Les qualités de genre, en particulier, sont supposées constituer des éléments psychologiques *innés* et génétiquement hérités qui n'ont pas changé depuis des millénaires.

1. Buss [1999].
2. McKinnon [2010, p. 6-7].

Il n'existe en réalité aucune preuve de ces préférences ancestrales. La formulation des problèmes auxquels auraient fait face nos ancêtres repose sur des normes particulières et situées que la naturalisation permet d'ériger en normes universelles, excluant certaines pratiques qui ne s'y conforment pas, voire refusant un accès légal à certains droits. De façon générale, la *nature* ne peut jamais servir de fondement à la *morale* ou au *droit*, car elle n'est ni normative ni ordonnatrice en elle-même. Pour preuve, dans son usage normatif, la nature est mobilisée pour défendre des valeurs contradictoires. Par exemple, les opposants à l'homosexualité vont invoquer son caractère « contre-nature » en mettant l'accent sur la reproduction naturellement sexuée requérant chez l'humain un homme et une femme. Or, la nature regorge d'exemples d'espèces où l'homosexualité est pratiquée et distincte des comportements reproductifs (comme chez les bonobos par exemple), sans parler des manières asexuées de se reproduire (comme la parthénogénèse). Mais se servir de ces derniers exemples pour justifier l'homosexualité n'est pas davantage convaincant tant il y a des comportements permis par la nature que la morale et la loi condamnent. Le caractère « naturel » de certaines pratiques n'a ainsi rien à voir avec leur valeur morale ou légale.

La vision essentialiste de la nature humaine est ainsi souvent mobilisée par des discours tendancieux prétendant définir la *normalité* ou l'humain idéal. Elle devient alors excluante, enfermante et déshumanisante. Selon l'anthropologue Lévi-Strauss, l'être humain a naturellement tendance à rejeter du côté de la *nature* les *cultures* qui diffèrent de la sienne, auto-proclamée seule détentrice de l'humanité. L'ethnocentrisme consiste à considérer sa propre culture comme se distinguant des autres, jugées barbares et abaissées ainsi au rang d'une animalité bestiale. En particulier, ce que les occidentaux ont dénigré comme « primitif » désigne, avant tout, des coutumes différentes des leurs. Par un retournement, Lévi-Strauss montre qu'une telle attitude, en ôtant aux autres cultures leur statut de culture véritable et, partant, leur droit d'appartenir à l'humanité, relève de la barbarie[1]. On voit ici poindre un usage moral de la notion d'*humanité*. Ainsi, les humains deviennent *inhumains* lorsqu'ils nient l'humanité des autres, ce qui est rendu possible par une définition essentialiste de la nature humaine. L'appartenance à l'humanité au sens moral du terme est alors une conquête plutôt qu'un acquis. Lorsqu'il prétend décider qui appartient à l'humanité et qui ne lui appartient pas, le concept de nature humaine est dangereux. Il vise l'homogénéisation des différences ou leur suppression.

Il y a ici un parallèle à faire avec la définition essentialiste de l'*inné* et les valeurs ambivalentes qu'on est susceptible de lui accorder, et ce de façon toujours abusive : soit on juge négativement ce qui est *inné* chez un individu (que l'on conçoit alors comme immuable) et on justifie l'eugénisme (ou la pédagogie élitiste), soit on tombe dans une adoration naïve de la nature et on érige en dogme n'importe quelle affirmation soi-disant fondée biologiquement. L'essentialisation est rassurante. On l'a constaté avec les criminels dans le chapitre I : attribuer le crime à leur *nature* intrinsèque (qualifiée d'inhumaine) est une manière de déresponsabiliser la société, d'une part, et de se rassurer sur sa propre normalité, d'autre part, en considérant qu'on ne partage pas avec eux la même *nature*. Ainsi, l'homosexualité aussi bien que l'idiotie ou le génie sont-ils des particularités humaines qui ont toutes été considérées à un moment de l'histoire (elles le

1. Lévi-Strauss [1987].

sont encore dans de nombreux endroits du monde) comme des psychoses, des dégénérescences, des maladies, bref des déviances de l'humanité. Autrement dit, le génie, l'idiot, l'homosexuel sont des êtres que l'on a eu et que l'on a encore aujourd'hui tendance à exclure de l'humanité lorsqu'on les présente comme contredisant l'ordre naturel de façon irréversible, immuable, fatale, alors qu'ils ne font que contrevenir aux normes en vigueur.

LES SINGES PARLANTS

Pour sortir d'une vision essentialiste de la nature humaine, on s'est naturellement tourné vers les êtres qui partagent avec nous plus de 95 % de leurs gènes, les grands singes. On a alors tenté de trouver des traces de ce qui symbolise la singularité humaine, à savoir le langage. On a imaginé que les grands singes pouvaient apprendre (une version de) la langue des signes et que, s'ils ne le faisaient pas spontanément, c'est que tout simplement ils n'en avaient pas l'utilité. Dans les années 1960, on décide donc d'enseigner la langue des signes à des chimpanzés et à des bonobos. Résultat : certains singes parviennent à apprendre des centaines de mots – 250 pour la guenon chimpanzé Washoe, 1000 pour le bonobo Kanzi – et transmettent même leur compétence à leur descendance ! Ils semblent alors capables d'associer un symbole à un concept. Voire mieux, en parvenant à manipuler les signes, ils semblent faire montre d'une certaine capacité d'abstraction.

Il s'est avéré néanmoins que ces grands singes restent incapables de combiner les mots de façon inédite pour produire des énoncés dotés d'un sens nouveau. Leurs conversations restent égocentrées. Ainsi, on ne peut pas dire que les singes maîtrisent le langage. Ce qui caractérise le langage humain, en effet, est sa capacité à se détacher de la situation présente, à s'abstraire de l'instant, à ne pas réagir de façon immédiate et stéréotypée à une stimulation environnementale. Il ne s'agit pas simplement d'exprimer des messages vitaux. Chacun est capable d'exprimer la singularité de sa pensée et de son rapport au monde et de communiquer d'une façon qui à la fois lui soit propre et en même temps compréhensible par les membres de sa communauté linguistique. Le langage témoigne éminemment de la créativité humaine, de la faculté à former des énoncés inédits exprimant des idées nouvelles dans des contextes non familiers. Il est potentiellement infini. C'est pourquoi toute une tradition de philosophes, de Descartes à Chomsky, défend l'idée selon laquelle le langage est spécifiquement humain et atteste de la possession d'une pensée symbolique ou abstraite.

Les singes maîtrisent au mieux une forme rudimentaire de protolangage. En réalité, toutes les espèces dotées d'un cerveau suffisamment développé (comme les chimpanzés, les gorilles, les bonobos, les orangs-outans, mais aussi les dauphins à gros nez, les perroquets jaco, les lions de mer) à qui on a tenté d'apprendre le langage sont capables d'acquérir une certaine forme de protolangage[1]. À chaque fois, néanmoins, les messages qu'ils manipulent restent étroitement conditionnés par leur désir de récompense. Quels sont dès lors les éléments qui relèvent du dressage et ceux dus à de véritables capacités langagières ? Washoe, Kanzi et les autres ont en effet subi un bouleversement radical de leur environnement, lié à un contact inédit avec les humains, une espèce différente de la leur. Il se sont adaptés à ce changement en

---

1. Bickerton [2010].

faisant ce que l'on attendait d'eux : adopter un comportement protolinguistique. Ainsi, toute espèce est capable de façon *innée* de faire des choses pour sa survie qu'elle ne ferait pas nécessairement dans des circonstances normales. Les *potentiels* ne se révèlent que dans certaines circonstances et certains n'apparaissent que dans des circonstances extrêmes (on pense au bithorax de la drosophile qui apparaît dans un environnement saturé en éther évoqué au chapitre v). Dans le cas des singes, on voit apparaître un comportement protolinguistique nécessairement lié à une situation de captivité et qui se révèle bénéfique en termes de survie.

Le fait que les singes ne parviennent qu'à une forme très rudimentaire de protolangage est révélateur. Il fait apparaître clairement l'illusion selon laquelle les origines du langage devraient se trouver nécessairement chez les espèces les plus proches génétiquement des humains : chimpanzés, bonobos, gorilles, orang-outans. Le continuisme s'est ainsi instauré en dogme : il est devenu crucial de trouver des précurseurs de nos capacités chez nos ancêtres et les espèces apparentées. Le langage doit puiser ses racines chez les primates ! On a cru pouvoir trouver dans le singe ce que serait l'humain pur, naturel, sans la culture. La primatologie n'a eu ainsi de cesse de chercher à naturaliser l'histoire humaine et à faire de la nature humaine « une matière brute plutôt qu'un produit de l'histoire[1] ». Autrement dit, l'humain serait un singe amélioré et le singe une pâle copie de l'humain, comme s'il existait une échelle des êtres où l'humain occuperait le sommet et où plus on se rapprocherait de lui plus on aurait de chances de parler ou d'être intelligent[2]. Ce primatocentrisme cache en fait un anthropocentrisme. La primatologie

1. Haraway [2013, p. 47].
2. Bickerton [2010].

a surtout révélé notre habileté à fabriquer des miroirs. Nous regardons les animaux selon ce qu'ils signifient de ce que nous sommes.

Il nous faut alors accepter l'existence de discontinuités dans la nature. Il se peut que, en terme de langage, les espèces les plus proches de nous ne soient pas celles qui le sont génétiquement, mais les fourmis et les abeilles, des espèces eusociales qui utilisent une communication complexe. L'hypothèse de Bickerton est qu'elles ont besoin de rassembler leurs congénères et de les amener à se déplacer de façon à trouver la nourriture nécessaire à leur survie. Leur système de communication doit ainsi faire référence à quelque chose qui n'est pas présent ici et maintenant. Au contraire, les comportements habituels de communication animale, que ce soient les cris de survie (avertissements ou appels à la nourriture) ou les signaux de reproduction et les signaux sociaux, sont toujours la plupart du temps ancrés dans des situations particulières. Ils ne dépassent pas le cadre de l'ici et du maintenant. Par conséquent, voir les systèmes de communications animales tels que les gestes ou les cris comme des précurseurs du langage ou des tentatives infructueuses d'y accéder, c'est se méprendre sur ce qu'ils sont : « des modifications, stylisations ou amplifications de comportements existants » destinés à répondre aux besoins de chacune des espèces.

LA NATURE HUMAINE : UN CONCEPT ETHNOCENTRIQUE

Mais alors comment concevoir la nature humaine en évitant l'essentialisation d'une part, l'anthropocentrisme d'autre part ? Est-ce seulement possible ?

Plusieurs chercheurs considèrent que cela n'est pas possible, car la nature humaine, à l'instar de la notion de nature, a été *conçue* de cette manière. Il s'agit en fait d'une invention occidentale. La nature humaine est un dispositif métaphysique construit par la modernité occidentale avant de pénétrer les autres régions du monde[1]. Délimiter les contours d'une nature *humaine* revient nécessairement à dévaloriser la *nature*, c'est-à-dire tout ce qui n'est pas humain, ou du moins tout ce dont on pense (à tort) qu'il est sans rapport avec l'humanité. Les non-humains rassemblent aussi bien les animaux que les végétaux, les bactéries, les montagnes, les objets ou les machines, c'est-à-dire tout ce qui existe hors de l'humain. Selon l'anthropologue Descola, la distinction entre *nature* et *nature humaine*, est anthropocentrique « en ce que les non-humains y sont définis de manière tautologique par leur défaut d'humanité[2] ».

La séparation stricte entre les humains et les non-humains prend alors la forme d'une hiérarchie et d'un rapport de domination. La nature se retrouve dévaluée et réduite au statut de décor à admirer, de matériaux à améliorer, de ressources à exploiter[3]. Le monde non humain est traité comme un stock inépuisable à la disposition des hommes. Le désir d'exploitation de la nature, permise et amplifiée par la technique, la met en demeure de livrer une énergie illimitée qui puisse comme telle être extraite et accumulée[4]. Avec la modernité occidentale, la nature est devenue le fonds disponible pour être exploité que l'on peut commander à tout instant, qui est à notre service. Le philosophe Heidegger compare ainsi un moulin à vent avec un barrage hydraulique sur le Rhin. Le premier est soumis à la nature : si le vent souffle, le moulin tourne et on fait

1. Sahlins [2009] ; Descola [2005] ; Latour [2014] ; Morizot [2020].
2. Descola [2005, p. 443].
3. Morizot [2020].
4. Heidegger [1958].

de la farine avec du blé, mais si le vent ne souffle pas, et bien le moulin ne tourne pas. L'humain ne commande pas à la nature, mais il conçoit un dispositif qui entre en résonance avec elle. La frugalité s'impose d'elle-même. Le second exerce une pression hydraulique sur les turbines d'une centrale à partir desquelles est produit un courant électrique qu'on stocke, qu'on met en réserve pour pouvoir s'en servir à la demande. Il y a un désir de contrôle et de domination de la nature.

La perte de « consistance ontologique[1] » imposée alors à la *nature* par le concept de *nature humaine* autorise l'humain à l'avilir. Il est alors légitimé à appauvrir, bruler, exterminer, épuiser d'une manière ou d'une autre toutes les réserves de la Terre[2]. Définir une nature humaine revient à faire de l'humain une exception dans la nature, un être égocentré et séparé de son milieu, un être hors-sol, ce qu'il n'est pas. La vulnérabilité qui est la nôtre est ainsi niée, ainsi que notre dépendance au reste de la nature. L'humain lui-même perd alors en consistance ontologique[3] en devenant un matériau à exploiter, un potentiel à réaliser. Une espèce en réalité ne vit jamais seule. Son existence est rendue possible par une myriade de catégories d'êtres. Comme le dit la philosophe américaine Donna Haraway : « Tous les Terriens sont parents proches[4]. » L'humain n'existe réellement qu'entremêlé d'êtres abiotiques et biotiques.

Le concept de nature humaine implique le refus au reste de la nature des caractéristiques que l'on réserve aux humains, ce qui justifie l'avilissement que ceux-ci permettent de lui faire

---

1. Morizot [2020].
2. Haraway [2016].
3. Ce phénomène est amplifié par la semi-présence au monde que lui impose le monde virtuel.
4. Haraway [2016].

subir. On peut prendre l'exemple de la chasse. Considérée souvent comme symbole viril, démonstration de force réservée aux hommes, technique de prédation, la chasse a dans certaines cultures ou dans certaines conditions à voir avec l'amour plus qu'avec la guerre[1]. Ainsi, le chasseur Makuna traite son gibier comme une conjointe potentielle. Il l'écoute comme une parente[2]. Dans la culture occidentale, la déshumanisation s'applique aussi aux objets et machines que nous fabriquons et vénérons en un sens, mais que nous considérons avant tout comme des outils, voire des esclaves qui nous rendent dépendants et nous aliènent. Le philosophe Simondon dénonce ainsi la haine envers les machines (qu'il nomme *misonéisme*) comme refus de la réalité étrangère : « La machine est l'étrangère en laquelle est enfermé de l'humain, méconnu, matérialisé, asservi mais restant pourtant de l'humain[3]. » Là encore le désir de puissance consacre la machine comme un moyen de suprématie à tel point que l'humain est prêt à lui déléguer son humanité.

Dans d'autres endroits du monde et dans d'autres représentations de celui-ci (comme dans l'animisme dont parle Descola), non-humains et humains partagent une même condition, comme habitants d'un endroit de la Terre, la distinction fondamentale entre l'humain et la nature n'existant pas. La société Chewong décrite par Descola englobe les individus humains qui la composent aussi bien qu'« une myriade d'esprits, de plantes, d'animaux et d'objets réputés posséder les mêmes attributs que les Chewong et collectivement désignés par eux comme "nos gens" (*bi he*)[4] ». Ainsi, questionner

---

1. Sahlins [2009].
2. Descola [2005, p. 25].
3. Simondon [1989, p. 10].
4. Descola [2005, p. 55-57].

les frontières de la nature humaine, c'est ne plus considérer que l'humain a l'apanage de la sensibilité ou de la sociabilité. C'est alors prendre conscience de la sensibilité du monde non humain. Aujourd'hui plus que jamais, la Terre se révèle « excessivement sensible à notre action[1] ». Cette sensibilité en appelle à notre prudence, notre attention ; elle nous invite à déployer « des égards ajustés » envers les animaux non humains[2], mais aussi envers tous les êtres existants. Questionner les frontières de la nature humaine, c'est aussi considérer que la sensibilité de l'humain, aujourd'hui prolongée par nos appareils de communication[3] qui vampirisent nos dispositions attentionnelles, aimantent nos capacités d'orientation et reconfigurent souvent à notre insu nos milieux d'action, augmente notre vulnérabilité autant qu'elle accroît notre pouvoir.

POUR UN CONCEPT OUVERT DE NATURE HUMAINE

Ainsi, notre concept de nature humaine est en partie conditionné socialement et culturellement. Il reste donc pertinent seulement s'il est conscient de l'être et s'il se méfie des limites qu'on lui assigne. Seul un concept ouvert de nature humaine peut échapper à la vision fixiste, essentialiste, que l'on a spontanément de l'*inné* et de la biologie, ainsi qu'à l'anthropocentrisme.

---

1. Latour [2014].
2. Morizot [2020].
3. Citton [2017]. Selon McLuhan : « Le réseau des relais de poste, les lignes téléphoniques, les antennes hertziennes, les satellites et les câbles sous-marins de fibre optique ont constitué progressivement une sorte d'énorme système nerveux transindividuel transmettant nos irritations sensibles à travers toute la planète. »

L'essence de l'humain, à l'instar de tout être, est en mouvement et *potentiellement* constituée d'éléments relationnels très divers et hétérogènes. Pour reprendre l'exemple du philosophe Uexküll, un chêne n'est pas seulement un arbre qui a poussé à partir d'une graine, mais c'est un être qui s'inscrit dans un système de relations avec son milieu : il est un endroit prisé des oiseaux, ses cavités abritent des chouettes, ses pieds accueillent des champignons, il peut être exploité pour son bois ou être vénéré pour sa beauté, etc. Le concept de nature humaine ne devrait pas être centré sur l'individu : que ce soit en biologie ou dans les autres sciences, on s'aperçoit que la nature humaine n'est pas à l'intérieur de l'être humain, mais qu'elle résulte du système sujet-milieu. Un parallèle avec la fourmi peut être éclairant. On ne peut découvrir ce qu'une fourmi est vraiment en enlevant l'influence sur elle du reste de la colonie de ses congénères. Ces influences externes sont des parties essentielles de sa nature biologique. Ce sont elles qui déterminent si elle devient une reine ou une ouvrière.

La définition même de la nature humaine et de ce qu'elle est capable de faire de façon *innée* doit ainsi nécessairement inclure une ouverture au possible. Nous retrouvons ici une idée centrale déjà rencontrée : les *potentiels* et compétences humains ne peuvent être énumérés de façon exhaustive et définitive. Dans un autre sens étymologique que celui évoqué dans le chapitre précédent, la compétence a à voir avec la proportion et le juste rapport (*cumpeto* signifie aussi : penser avec, se rencontrer, coïncider, s'accorder, convenir). Elle contient donc en elle les notions de convenance, de résonance ou de correspondance entre le sujet et le milieu. Aussi, si le complexe sujet-milieu change, les compétences se modifient également. Le *potentiel* des humains doit être pensé *in situ*, en situation. Les compétences humaines ont des dimensions culturelles, sociales, politiques, historiques. Aussi peuvent-elles apparaître ou disparaître au gré des conditions et du développement technique des sociétés. Les nôtres ont ainsi vu émerger de nouvelles compétences (et capacités *innées*) par le développement du numérique, par exemple.

La notion de nature humaine, si elle a un sens, doit ainsi inscrire en elle l'impossible (dé)limitation des capacités humaines *innées*. Elle est « un *devenir* plutôt qu'un être déjà là[1] ». Cette indétermination nous rappelle ainsi notre responsabilité, qu'en effet les humains sont capables du pire comme du meilleur. On retrouve ici l'*humanité* comme concept moral. Ainsi, chaque époque doit construire son humanisme en rendant explicite ce qui pourrait spécifiquement l'aliéner. Il s'agit pour le sujet d'être humain, ni *trop humain* ni *inhumain*. Être humain aujourd'hui nécessite de repenser les frontières ontologiques de l'humanité, de prendre conscience des assemblages d'êtres par lesquels nous existons, de composer de nouveaux rapports au monde non humain, de mieux saisir nos interdépendances, nos vulnérabilités, nos affinités et nos complémentarités. Aujourd'hui, plus que jamais, l'humain doit inventer des formes alternatives d'habiter la Terre, de s'organiser entre humains et de composer des mondes avec les non-humains. Le concept de nature humaine est pertinent s'il reste un questionnement prudent et vigilant sur ce que signifie « être humain », s'il invite à l'humilité, à la reconnaissance de notre vulnérabilité.

Ce dernier chapitre a révélé les liens étroits qui unissent la notion *d'inné* et celle de *nature humaine* en montrant que toutes deux sont menacées par les mêmes travers et ont besoin d'être conçues de façon plus modeste comme des potentiels indéterminés, des ouvertures au possible.

---

1. Sahlins [2009, p. 107].

BIBLIOGRAPHIE

ABRAHAMSSON E. et E. SCHAGATAY, 2014. « A living based on breath-hold diving in the Bajau Laut », *Human evolution 29*, 1-3, p. 171-183.

BICKERTON D., 2010. *La langue d'Adam*, Paris, Dunod.

BULLER D. J., 2005. *Adapting minds: Evolutionary psychology and the persistent quest for human nature*, Cambridge, Mass., MIT press.

BUSS D., 1999. *Evolutionary Psychology: The New Science of Mind*, Boston, Allyn & Bacon.

CITTON Y., 2017. *Médiarchie*, Paris, Seuil.

DARWIN C., 1872. *Origine des espèces* (1859), 6e éd., Paris, GF, 2022.

DESCOLA P., 2005. *Par-delà nature et culture*, Paris, Gallimard.

HARAWAY D., 2013. *Simians, cyborgs, and women: The reinvention of nature*, Londres, Routledge.

— 2016. « Anthropocène, Capitalocène, Plantationocène, Chtulucène, Faire des parents », *Multitudes* 4, 65, p. 75-81.

HEIDEGGER M., 1958. *Essais et conférences. La question de la technique*, Paris, Gallimard.

HOQUET T., 2016. *Des sexes innombrables. Le genre à l'épreuve de la biologie. Le genre à l'épreuve de la biologie*, Paris, Seuil.

LATOUR B., 2014. « L'Anthropocène et la destruction de l'image du Globe », *in* E. HACHE (éd.), *De l'univers clos au monde infini*, Paris, Dehors, p. 27-54.

LÉVI-STRAUSS C., 1987. *Race et histoire* (1952), Paris, Gallimard, Folio essais.

MCKINNON S., 2010. *La génétique néo-libérale. Les mythes de la psychologie évolutionniste*, Paris-Tel-Aviv, L'Éclat.

MORIZOT B., 2020. *Manières d'être vivant : enquêtes sur la vie à travers nous*, Arles, Actes Sud.

SAHLINS M., 2009. *La nature humaine, une illusion occidentale*, Paris, Tel-Aviv, L'Éclat.

SIMONDON G., 1958. *Du mode d'existence des objets techniques*, Paris, Aubier.

TOOBY J., L. COSMIDES L. et J. BARKOW, 1992. *The Adapted Mind. Evolutionary Psychology and The Generation Of Culture*, New York, Oxford University Press.

WEST-EBERHARD M. J., 2003. *Developmental plasticity and evolution*, Oxford University Press.

CONCLUSION

Au terme de notre réflexion, nous pouvons tirer cette conclusion : *l'inné* comporte indéniablement des dérives *idéologiques*, y compris au sein des débats scientifiques qui le mobilisent. Bien qu'il se présente toujours comme un terme objectif et un gain d'intelligibilité, il ne fait souvent qu'entériner des idées préconçues et des distinctions arbitraires. Son invocation incantatoire, parce qu'elle est rassurante, peut se révéler extrêmement fâcheuse. L'*inné* fige, *l'inné* réifie les sujets ; il les enferme dans des essences immuables. Il les rend passifs, prévisibles, soumis au déterminisme (qu'il soit biologique ou culturel). *L'inné* implique alors une différenciation qui va de pair avec un repli sur soi. Sous couvert d'un éloge de la singularité, il devient le véhicule d'une pensée réactionnaire, égocentrique ou ethnocentrique.

Mais est-ce à dire qu'il faille supprimer ce mot de notre vocabulaire comme le pensent certains philosophes aujourd'hui ?

Ce livre n'est pas un plaidoyer contre le terme *inné*. Il est une invitation à la vigilance pour lutter contre ses dérives idéologiques. Ainsi, l'*inné* doit chercher sans cesse à échapper à la réalité figée, enfermante ou prédéterminée, présente dans l'opposition commune de *l'inné* et de l'acquis (ou de l'appris) et qu'on lui assigne la plupart du temps. *L'inné* n'est pas en concurrence avec l'acquis ni avec l'appris. Il n'y a pas, d'une part, la nature biologique *innée* non modifiable et, d'autre part, l'acquis flexible et aléatoire. Ainsi, la question n'est plus : qu'est-ce qui est *inné* ou non ?, mais plutôt : quelle est la nature de *l'inné* ?

J'ai ainsi cherché à délimiter dans cet ouvrage un usage *heuristique* de *l'inné*. Pour être pertinent, *l'inné* doit se présenter comme un terme relatif à un contexte explicatif et assumé comme tel. *L'inné*, sorte de résidu de l'explication, est aussi ce qui permet de la baliser. Autrement dit, si *l'inné* doit avoir une utilité, c'est bien en tant que refuge (assumé) de notre ignorance. C'est lorsqu'il est (sciemment ou non) ignoré comme tel qu'il devient un dogme dangereux. En revanche, lorsqu'il est admis prudemment et avec les réserves qui s'imposent, il se conjugue alors à l'explication qui le sollicite. Si la recherche de la connaissance est cette attitude de questionnement, qui ne cesse d'interroger ses propres limites, *l'inné* est alors tout autant un aveu d'ignorance qu'une invitation à comprendre.

C'est dans ces conditions que *l'inné* peut aider à appréhender la co-construction du sujet, de ses compétences et de son milieu. Il devient alors ce bagage flexible qui rend possibles différents types d'interactions, un ensemble de *potentiels* de l'être humain, impossibles à énumérer de façon exhaustive et définitive, évoluant au gré de ses interdépendances, de ses affinités, de ses résonnances avec son milieu. *L'inné* doit nous rappeler que l'humain est incontestablement un *être en devenir*, et que ce devenir est impossible à dessiner à l'avance. Cette ouverture au possible rappelle notre responsabilité autant que notre vulnérabilité.

Le présent ouvrage s'est ainsi prononcé en faveur d'un usage éclairé, questionnant et vigilant d'un mot, en tous cas préférable à son éviction.

« La part des choses »

Jason Stanley	*Les ressorts du fascisme*
Timothy Williamson	*J'ai raison, tu as tort!*
Quassim Cassam	*Les théories du complot*
Alfred R. Mele	*Le libre arbitre à l'épreuve de la science*
Reece Jones	*La violence des frontières*
Carlos Pereda	*Apprentissages de l'exil*
Robin Le Poidevin	*Ne pas croire*
Sebastian Dieguez	*Croiver*
Valentine Reynaud	*Y a-t-il des tueurs nés?*

À paraître

Katarzyna De Lazari-Radek & Peter Singer	*Le plus grand bonheur possible*
Susan Wolf	*Le sens dans la vie*
David Edmonds	*Le tramway qui tue*

DIFFUSION : HUMENSIS
170 bis, boulevard du Montparnasse
CS 20012
75 680 Paris Cedex 14
01 55 42 84 00
www.humensis.com

DISTRIBUTION : UD – Union distribution
87, quai Panhard et Levassor
75647 Paris Cedex 13
01 41 80 20 20
www.ud-net.com
commandesclients@union-distribution.fr

DISTRIBUTION-DIFFUSION SUISSE : SERVIDIS
Chemin des Chalets 7
1279 Chavannes-De-Bogis
Switzerland
+41 (22) 960 95 25
www.servidis.ch
commande@servidis.ch

DISTRIBUTION-DIFFUSION CANADA : PROLOGUE
1650, Lionel-Bertrand
Boisbriand (Québec) J7H 1N7
Canada
(450) 434-0306
www.prologue.ca

Achevé d'imprimer en France par CPI Firmin Didot
Dépôt légal : novembre 2022
N° d'impression : 175766